太想赢
你就输了

跟欧洲家长学养育

魏蔻蔻 著

漓江出版社

图书在版编目（CIP）数据

太想赢，你就输了——跟欧洲家长学养育 / 魏蔻蔻著 .
-- 桂林：漓江出版社，2017.5
ISBN 978-7-5407-8073-9

Ⅰ . ①太… Ⅱ . ①魏… Ⅲ . ①家庭教育 Ⅳ . ① G78

中国版本图书馆 CIP 数据核字（2017）第 090039 号

太想赢，你就输了——跟欧洲家长学养育

作　　者：魏蔻蔻
特约策划：汤曼莉
责任编辑：谷　磊　　王成成
责任监印：周　萍

出 版 人：刘迪才
出版发行：漓江出版社
社　　址：广西桂林市南环路22号
邮　　编：541002
发行电话：0773-2583322　　010-85891026
传　　真：0773-2582200　　010-85892186　　邮购热线：0773-2583322
电子信箱：ljcbs@163.com
　　　　　http://www.Lijiangbook.com
印　　制：北京大运河印刷有限责任公司
开　　本：715×960　1/16　　印　张：14　　字　数：122千字
版　　次：2017年6月第1版　　印　次：2017年6月第1次印刷
书　　号：ISBN 978-7-5407-8073-9
定　　价：42.00元

目 录

Contents

第三章 / 太想赢，你就输了

第四章 / 没有最好的教育，只有更多的选择

第五章 / "问题儿童"怎么对付？

第六章 / 怎么跟孩子谈论爱恨生死

第一章

孩子"听话"是好事吗?

你可能误会了欧美素质教育

欧洲学生为何不尊崇"吃得苦中苦,方为人上人"?

我们还要逼孩子说谎到什么时候?

能不能就让孩子说回"孩子话"?

……

你可能误会了欧美素质教育

每次回国我都经常能看到以下的情景：

年轻的父母带着四五岁的孩子出来聚会，孩子完全不理会在场的人，到处乱跑，大声喧哗，父母都会对我讪讪一笑："我们现在也学欧美国家，让孩子自由发展，少点规矩，多点个性！"

有的孩子已经十三四岁了，在聚会场合，父母还要督促他们问候其他人。孩子完全不融入聚会的活动，自己玩手机，父母此时也会对我说："我们家很民主的，用欧美素质教育的方式带孩子，多给孩子空间和自由，少干涉他。"

这种论调很让我困惑，从一个四五岁的孩子身上，我连基本的礼貌都没有看到；一个十三四的孩子连打招呼都还要父母教，完全不具备正常的交流能力，谈何"素质"呢？

大家都知道荷兰是个开放自由、社会容忍度很高的国家，可是幼龄教育里面首先教的是规矩以及对规则和权威的遵从。无论是对事还是对人,在没有尊重和相互理解的前提下,不提倡批判和反抗,更不会容忍散漫无礼。言论自由,也是要在没有歧视和伤害他人的人身及情感的前提下。

老师不会姑息无理地发泄情绪的孩子,而教不好孩子的妈妈也要"培训上岗"。

在荷兰和其他欧洲国家的幼儿园,如果一个小朋友不服从团队安排,不遵守公共场合的基本礼数,在被教育几次不改的,老师绝不会容忍,而会根据规定,让家长把孩子领回家,孩子要接受幼儿心理咨询师的评估和治疗。家长也必须配合,完成孩子能正常融入社会和团体的过程。有时候,家长自己也要接受培训。如果孩子不幸被确定为"问题儿童",那就只能去专门接收有行为和社交问题的特殊学校了。

我一个荷兰同事有个四岁的儿子,上学前班的第一周,经常去毁坏其他小朋友搭好的积木,在公共场合到处乱窜,老师制止他,他就大哭跺脚,生气毁物。后来老师就让家长来把孩子领走了。孩子妈妈带着孩子去幼儿心理师那里,在候诊的时候,孩子要吃摆在桌上的巧克力,妈妈对他说:"你只能吃一块哦!"当他吃完了一块再去拿时,妈妈就说:"你不能再拿了!"孩子不听,照样拿了就吃。此后孩子连续拿了5块巧克力吃,妈妈也重复了5遍"你不能再拿了",可是对孩子的行为完全没有影响力。

这一切都被幼儿心理师看在眼里,一进诊室,医生马上建议妈妈和孩子一起接受治疗,因为妈妈对孩子完全没有控制力。在进行了行为评估诊断后,医生更肯定了之前的建议,对孩子妈妈说:"一些当母亲的基本能力,你还不具备,所以必须要学习。就像会计和医生都要有执照一样,你要通过训练取得当母亲合理管教自己孩子的资格。"

第一次咨询,医生就严格地训练孩子要知道在一个场所的"领导者"是谁,并要服从;如果你自己是"领导者",那么就要服从社会规则和法律。无理地发泄情绪和不满，不会被姑息。

孩子的社交素质，可以通过和大人平等的聊天训练起来。

再说说孩子的社交素质。

欧洲是一个非常重视社交礼仪和相互交流的地方。**在一个家庭聚会里，孩子被教导要积极参与和融入交流，而当着大人的面不管不顾地玩手机是不被允许的。**

我先生的家庭是个大家族，孩子众多，每次家庭聚会少则三十几号人，多则六十几号人，总要包个度假村或是大餐厅来搞活动。我们会给孩子们安排他们的活动空间和时间，可在绝大多数时间（比如吃饭，下午茶和家庭游戏时）里，孩子们都必须参与亲人的互动。在他们的活动时间没到以及大人没有允许之前，他们不能做自己的事情。

上次我先生的表哥一家四口从美国回荷兰探亲，家庭聚会被安排在一个自助餐厅。因为人多，我丈夫家的聚会有个传统，就是一般吃上一道菜，大家就换个位子，好去和坐得远的亲戚聊到天。为此，表哥的两个儿子，一个十岁，一个十二岁，一开始就被父母打散坐在桌子的不同位置，都没挨着父母坐，让他们自己多和在荷兰的亲友自由交流。

十二岁的 Braham 当晚想看美国队在世界杯的足球比赛，开席前就和他爸爸商量：能否只吃半个小时的饭，球赛开始了就离席去餐厅的电视间看球，不参与聊天。他爸爸马上拒绝："我也很想看比赛，可是大部分在这里的家人都更希望和我们聊天。你可以每隔十五分钟起身去看一下比分，两分钟内必须回来。"Braham 没有讨价还价，回到自己的位子上，还站起身向大家幽默地声明："我在以后的三十分钟内，身心全是大家的，可是之后，我每十五分钟会去看一下美国足球队的赛况，如果谁对'最强大的美国队'的比分感兴趣，举手，我负责给你们更新！"

我坐下来，对面刚好是十岁的弟弟 Alex，还没等我开口呢，孩子先说话了："蔻蔻，你更喜欢用哪种语言交流？荷兰语还是英语？我知道你肯定更想说中文，可是抱歉我的中文只会说几个菜名。"接着我们用荷兰语交流，我本想顺着孩子聊聊体育什么的，可是姨妈、表舅和两个姨婆开始聊宗教发展变革对欧洲现在政体的影响，我怕 Alex 觉得无聊，可一看，他听得津津有味，时不时还提一两个问题，再讲讲美国的宗教情况，比我还能聊。最后，他还总结："其实我觉得，宗教之间的教义有很多不同，为此也进行了很多战争，有善有恶。虽然我不信什么教，但我觉得任何的教义本质上都是让我们能有力量成为更好的人，我们自己能好一点，这个世界也会好一点。"

后来我和表嫂聊天："你们在美国住那么大的房子，你一个人侍候三个男的，家务一定很多很累吧？"她说："前几年有点累，不过 4 年前，他俩一个六岁，一个八岁的时候，就好了。因为我们家做了规定，他们的衣服自己洗自己叠，每周一人打扫一天家里，一人做两顿晚餐，我和他们的爸爸只在我们该负责家务的那天做一下，所以一点也不累，因为大家都在共同承担。"

可能大家不相信，我认识的拥有跨国婚姻和恋爱关系的朋友抱怨最多的就是欧洲人的家规太多太严。很多荷兰爸爸和中国妈妈吵架最多的就是，爸爸认为孩子应该关上电视专心和父母共进晚餐，孩子吃完饭没经过允许不能离席，孩子对父母不能有不恭的态度。而妈妈觉得吃个饭随意就好，家里那么多规矩干吗，孩子有个气不跟我们撒跟谁撒啊。爸爸认为全家过圣诞节，就算圣诞前夜没睡好，也必须要早起吃家庭传统的圣诞早餐，妈妈则说让孩子多睡一会儿，吃个饭嘛，取消就算了，反正天天都要吃。

所以，欧洲人养孩子，并不是像中国人想象的那样漫无边际的"自由"。

我们中国家庭也有很多有原则的教养方式，我自己就是从一个家教严格的家庭出来的，所以我的教养和欧洲的一些规矩不谋而合。

其实，这种教养，教导的是一种对形式感的尊重，也是对自律和公众责任感的培养。想想看，在一个社交场合，最重要的不就是一种恰到好处的自我约束力吗？而这种能力，就是从一点一滴、耳濡目染的家教和社会环境里所学到的。

　　所以，如果你的孩子不具备一些基本的礼仪和约束力，不要再说"那是欧美的自由和素质"，因为这样的孩子在欧美肯定会被边缘化，无法受到欢迎。

　　素质，不是欧美才有，一些价值观和素养是全球共通的。

　　把放纵当自由，把任性当个性，这在任何地方都不是素质教育。

欧洲学生为何不尊崇"吃得苦中苦，方为人上人"？

"既然你喜欢，那你就全包了吧"

我在荷兰刚读博士的时候，觉得自己应该多去做些杂活挣表现，就总去打扫实验室。后来弄得实验经理认为我喜欢清理实验室，只让我一个人做清洁工作。

很无语，荷兰人不认同咱们中国人"吃苦耐劳，埋头苦干"的生存法则。

经济学家茅于轼先生曾说过："关于我国教育的目的，比较普遍的认识是培养人才。人才论把受教育者培养成别人的工具，而不是为了他自己的人生。"这个观点很好地解释了中国和欧美之间对"人才"的迥异的认同观，我们华人多有通过"吃苦"换回报和认可的心态，欧美人却更看重"谈判的能力，反抗和敢于冲突的魄力"，要是你给他们留下愿意吃苦的印象，他们只会认为你喜欢干"苦差事"，而习惯让你永远吃苦。

面对这种情况，我只有主动申明，我也不喜欢做这些事情，以后请同事轮流打扫。后来，我不再牺牲自己的爱好乐趣去挣表现，也不再用"吃得苦中苦，方为人上人"的话来自我安慰。在荷兰这样一个承载包容差异和冲突的国家里，为自己的利益奋斗、有理有据的反抗是被人赞赏的。即使在国内，在价值观日益多元化的今天，生活也不是总要放弃什么才能得到你想得到的，很多元素是可以共存的。

当儒家教育遇上"丛林法则"

"吃苦"还是"不吃苦"，其实关乎一种选择的能力和对自我的了解。

我出国后最直观的感受就是，当身边的欧洲本土学生已经在鲜明地规划人生的时候，我们还在好奇地经历体验生活。就是说，我们对人生的选择和对自我的认知，比他们晚一大步。

当欧洲的孩子经历着痛苦彷徨的青春期，不断找寻人生价值，追问自己是谁、自己想要什么的时候，中国的孩子在准备着一轮接一轮的考试，看似目标明确，但我们小时候没有"仰望星空"的空暇，在追逐一个个成为所谓的"人才"的目标时，却不知道该如何规划属于自己的"人生"。

我所接触的学校和职场中的荷兰人，他们对自己的能力和喜好了然于胸，了解自己的长处和弱点，自主性和能动性极强，在团队合作中，他们意志坚决，行动敏捷，对自己要达成的目标据理力争。而我们则完全模糊，不懂自己的底线在哪里，不懂得捍卫和谈判，很容易沦为为他人服务的工具。其实这不是种族歧视，纯粹是"狼性丛林法则"下长大的西方人和"儒家服从性"式教育长大的东方人的区别。

在与荷兰人的合作中，最初你会觉得他们非常自私强势，完全不懂为别人考虑，但其实在团队开始合作学习项目的最初，大家有充分的讨论时间，来分配任务和规划责任。这时，如果你自己没有明确的想法，没有为自己争取，那么没办法，在以后的团队合作中，你就只能做别人都不想做，而自己也不擅长的事情,既劳心又费力。

学会争取"最优配置"

不要以为欧洲的孩子很轻松,不用吃苦,他们的学习强度是非常大的,只是,他们主张,不管什么样的体验、经历或挑战,都需要学会将个人的潜能充分挖掘出来。

我在荷兰读营养学硕士的第一堂课,是一个为期两个月的项目,项目主题是《开发研制一种营养品并且完成欧盟的健康申报计划》。项目的实战性这么强,需要很多规划和权衡。如果没有一定的自我认知力和选择力,任何学生都很难为自己争取最优的配置。

荷兰学生却对此驾轻就熟,因为他们从小就被训练如何通过谈判和规划,让自己在工作学习完善的同时也享受生活、追求快乐。课堂上,荷兰学生上来就能拿到更利于发挥自己特长,又能事半功倍的任务,而中国学生却只能干瞪眼,觉得自己被荷兰人占了便宜,非常郁闷。

其实,要克服这个窘境很简单,就是不断了解自己,多追问自己几个"为什么",少抱怨几个"凭什么",鼓励孩子大胆表明自己的立场,为自己争取,懂得反抗和捍卫,了解妥协的底线和需要达到的目的,如此,才能在学习和工作中保持旺盛的主观能动性,取得最佳成绩。个性鲜明,在荷兰不会被排斥,只会更被尊重。

中国人受"木桶理论"影响太深

我们中国教育很喜欢宣扬"木桶理论",家长往往会告诉孩子,决定成败的不是木桶最长的那块板,而是最短的那块。所以无论孩子多大了,家长依然不断督促孩子改正其不足。这样,孩子反而不自信,对自身的优点认识不够,便很难发挥出强项来。最典型的,莫过于很长一段时间内,中国高考的"标准分制",考生如果有一门"瘸腿科",总分会受到非常大的影响。

　　而在荷兰可不是这样，学校的考试也好，公司的培训也罢，首先问的是你擅长什么，特别感兴趣的是什么。因为在他们看来，培训就是要让人好的方面更好，只有学习擅长的东西才能让人学得快、用得好。

　　那么弱点和缺点怎么办？没关系！上文提到了，在国外都是"团队合作"，你不擅长的地方有另一个擅长此道的同学或同事和你互补来共同完成。只有每个人都去发挥自己的长处才能达到效率最大化。但你要认识到你的优点和不足，在学习和工作中，明确阐述哪些地方你可以独当一面，哪些地方你需要支持。只有这样，你才能降低在国外学习生存的压力，不消耗自己的精力，远离身心的疲惫感，从而优化使用自己的能力，安排自己的时间。

　　好在中国新生代父母们和孩子的沟通越来越多，也有越来越多的孩子真正为了兴趣而学习。适当的挫折教育是必要的，但何必把孩子的成长用"吃苦"来绑架？留学接受西方教育，是给自己一个独立面对世界的机会，不断审视洞察自我，平衡自己与外界的互动和关系。拥有犯错并承担的经历，学会独立地思考审视，拥有良好人生观、置疑的态度和批判精神是最重要的，否则成长的意义又何在呢？

我们还要逼孩子说谎到什么时候？

逃票省钱或是隐瞒年龄换得的小利，是无法等同孩子道德和公共责任感的缺失的！

在号称"荷兰迪士尼"的 Efteling 游乐园门口，我看到一对中国夫妇带着儿子来玩，只听那个妈妈对儿子嘱咐："要进去了哦，等会儿在门口如果有人问你几岁了，你就说 3 岁。"

"可我是 5 岁啊！"

"5 岁就要买门票了，3 岁还是免费的。"

"可要是他们看出来我是 5 岁怎么办？"孩子有些害怕。

"不会的！"妈妈安慰儿子："我们中国人比荷兰人长得小。进门他们不见得会问你年龄，我嘱咐你是以防万一。免票省下的钱，妈妈进去给你买冰淇淋吃，好不好？"

孩子听懂了，高兴地点点头。进门时，孩子自己在脑门上用手比着个三的手势往前走，的确没人问他年龄。他们一家进去后哈哈大笑，很开心："耶，过关了！"

过了一会儿，在坐海盗船的地方排队，我又看到了这一家三口。只听孩子妈又开始嘱咐了："你想坐这个的话，那等会儿要有人问，你得告诉他们你六岁了。因为这个船规定要年满六岁的小孩才能坐的。记住了，六岁哦！"孩子怯怯地点头。

排到他们时，管理员问孩子："你几岁了？"

孩子妈抢着用英语回答："六岁。"

管理员盯着孩子，和蔼但不容置疑地再问："请问你几岁了？"

孩子紧张地看了看妈妈，妈妈小声怂恿他："六岁，Six。"

孩子涨红了脸，张了张嘴，突然崩溃大哭起来："我到底多少岁啊？我是三岁，六岁，还是五岁啊？我不知道了。"

孩子一哭，管理员吓坏了，她听不懂中文，以为是自己把孩子弄哭了，她说着对不起并让孩子父母带孩子去休息室缓和一下，让他们下一轮再坐。

孩子妈陪着笑，边拉着儿子走出队伍边数落："不许哭！还不都是因为你想坐这个，我们才让你说六岁的。爸爸排了那么久的队，你看，还要等下一轮。不要哭了，你一哭不是露馅儿了吗？幸好那个阿姨听不懂中文……"

他们走向休息室，孩子的哭声越来越远。

我忘不了那个阳光明媚的午后，在充满了欢笑声的游乐场，一个孩子小小的背影，肩膀一抽一抽的。

在长辈面前，必须要说违心话吗？

这次回国，在妈妈住的公寓楼外，我看到楼上邻居的儿子儿媳和小孙子在单元门外商量着什么，踌躇不前。

五六岁大的小男孩嘀咕着："我能只看奶奶，不吃饭吗？我不喜欢吃奶奶做的菜。"

爸爸马上就急了:"奶奶就盼着我们来,辛辛苦苦做了一大桌菜,你怎么能不吃呢?你不但要吃,你还要说'真好吃'!"

正说着,奶奶在楼上喊话了:"哟,来了。怎么不上来啊?我专门做了鱼呢!"

孙子一听,更苦恼了,嘟囔:"奶奶做的鱼最难吃了。"

爸爸不耐烦了:"怎么这么不懂事儿呢,挑什么食?赶快上去!"

孩子要哭了,孩子妈心疼:"好了,先上楼看奶奶,妈妈等会儿带你去吃麦当劳。"

爸爸还有点不放心:"你先练习一下称赞奶奶做的菜好吃,来,说'真好吃'!"

"真好吃!可是,我说真好吃,奶奶会给我夹好多鱼,怎么办?"

"你别管那么多,吃就是了。再来,'真好吃'!"

孩子恹恹地重复:"真好吃。"

"高兴点,大声点,再说。"孩子爸抱起孩子往楼上走了。

随着咚咚的上楼声,我还隐约可以听到孩子在父亲的督促下不断重复着那句"真好吃"。

孩子和父母的相互信任,一个家庭的凝聚力,需要用彼此的真实来建立!

其实这两件事都涉及了一个因为某种缘由,父母教孩子说谎的问题。

第一个事件,不用我多分析,大家对其中的利弊应该一目了然:逃票省钱或是隐瞒年龄换得的小利,是无法等同孩子道德和公共责任感的缺失的,更别说对孩子情感世界造成的困惑和不安全感了。这个问题相对容易改正和避免,只要父母不要贪小便宜,遵守公共规则,也引导孩子如此就可以了。

可第二件事,就要复杂而且难处理得多了,尤其是在我们中国的家庭里。因为说违心话的原因是为了尊崇一个中国文化里最不能动摇的美德:孝心!

对一个儿孙是自己晚年生活全部的奶奶来说,为迎接儿孙,马不停蹄忙活出的一桌饭菜,你忍心泼冷水吗?甚至为了讨老人欢心,我们还要教孩子违心地说"真好吃"。不用说，误以为孙子最爱吃自己烧的鱼的奶奶会乐此不疲地继续做鱼；而孙子每次去见奶奶，都伴着一种不情愿的压力吧？虽然自己也想念奶奶，可相聚总是无法轻松愉快。

还记得一个故事，老太太临终前对丈夫说："老伴儿，其实我最爱吃的是蛋黄，但看你也喜欢，我就吃了一辈子蛋清！"老先生哭了："我其实不爱蛋黄，但每次看你抢着吃蛋清，我就吃了一辈子蛋黄。"

这是个为了赞扬老两口为了彼此而自我牺牲了一辈子的那种心灵鸡汤故事。我总是体会不到其中的温情，连最亲的人都无法相互坦诚和理解，不管不顾地就任性"牺牲"了一辈子，结果却是场误会，这该感动吗？该成为"爱"的标准被宣扬吗？这种情感成本的耗费是不是太大了？

再想想那个不喜欢吃奶奶做的饭的孩子，也许就这样顶着一个个自我制造的"误会"，压抑着长大了。而那些由于违心积累得越来越多的委屈别扭，最后会不会发酵成在情感上对亲人的疏离呢？

为此我和我妈妈讨论过，如果她是那个奶奶，她是愿意被哄在谎言里还是有心理承受力听实话。蔻妈说："我能接受也希望听到实话。如果我知道我孙子要承受那么多不快来吃我做的菜，我肯定不开心。而且，做菜是可以改进的啊。可说实话时的方式和语气很重要。"

的确，如果对奶奶说"您做的菜最难吃"，这种情感针对性太强的话既没有建设意义又伤人。

换个做法呢？

如果那个爸爸听见孩子抱怨菜难吃时，多听听孩子的理由，问问他："哪个菜你不喜欢啊？""为什么不喜欢啊？是太咸，太辣，还是没味道？""有没有喜欢吃的菜啊？"得到这些信息后，可以跟孩子分享自己的感受，比如"爸爸妈妈都没有觉得辣啊"，或者"嗯，我也觉得鱼咸了"。如果是前一种情况，就要告诉孩子，那是口味不同，家里其他人都觉得没问题，你可以少吃点，但是不能只依自己的口味换味道。如果是后一种情况，就和孩子一起商量，如何调整措辞告诉奶奶。

孩子可以说："奶奶，其实这个红烧肉挺好吃，可是这鱼太咸了……"

这样，父母始终和孩子有共识，既没有让孩子对父母失去信任，又能让他学到尊重别人，以及沟通交流和最终解决问题的能力。

我们中国家庭看似和睦，联系紧密，可是亲人间很少能真正理解彼此，都自以为是地做着"为你好"的事情，走着"报喜不报忧"的过场。那些看似为对方着想的言行，最后都成了彼此的负累，疏远隔膜着我们的亲情。

其实，不用把事情复杂化，很多事多问几个"为什么"就能了解和疏通，没必要强硬地用命令和"不"去拦死继续交流的可能性。拿掉情绪，把问题具体化，把矛盾点拆分，可以化解很多冲突。有那个心理承受力去别扭着说一辈子违心话，为什么没有勇气和耐心多想想用什么方式和亲人沟通，相互支持，共同面对问题？一个家的凝聚力，不正是在一起面对各种喜怒哀乐间建立起来的吗？

别再教孩子说谎了，这只能苦了孩子，累了老人，两难着我们自己，何必呢？

能不能就让孩子说回"孩子话"？

我常讶异于咱们中国孩子说的"大"话。这里的大话不是指孩子冒出的充满哲理、一针见血的、被戏称为"小大人"的神来之笔，而是那种特别程式化、口号化的话。

一个读者在微蔻（Weikomagazine）后台留言，向我询问关于欧美某种语言逻辑的训练方式。我回答了，还和她 9 岁的儿子聊了几句，一切都挺正常挺温馨的。后来孩子妈让孩子给我写封感谢信来，说通过这封信让孩子向我保证要好好学英语。

孩子的信是这样写的：

蔻蔻阿姨：谢谢您在百忙之中和我说话。这些话一直萦绕在我的脑海，让我受益匪浅。我一定会好好学英语，将来长大，出国留学，像您一样读博士，为国争光，做祖国的栋梁。

这是个可爱的 9 岁的孩子，在他和我聊天的时候，他可以很正常地说话，很开心地笑。我知道，他现在并不喜欢英语，他爱看漫画，常常和同学一起画漫画玩。可家长和老师都不支持他们，觉得漫画没营养，没必要在此花过多时间。

比起这封正式的感谢信，我更珍惜孩子边笑边对我说："我那天画了个叫'冏'的调皮鬼，它只要飞到你的裤子里，你就要放又响又臭的屁。我和我同桌都笑死了。"

可孩子只要和我说到漫画，就会被妈妈打断："你都那么大了，看什么漫画，画得也没进步，还费眼睛。蔻蔻阿姨那边有时差呢，你懂点事儿，快把你认为英语为什么难学的地方问一下。你懂不懂，学英语比看漫画有用！"

可能就是从这些不被珍视与尊重的爱好和心声开始的吧，孩子在父母面前一点点隐藏起自己，学会收起小小的心愿，不再说真实的"孩子话"，而说出让大人喜欢听的"大"话。

上次去巴黎，在圣母院前面看到很多游客在抢占位子摄影留念，包括一队中国游客。一个八九岁的女孩站在这座美轮美奂的建筑前，抬头向上仔细而专注地看着什么。突然传来一个焦急的女声："玲玲，你在干吗？快过来，该我们照了，快点！"

"妈妈，我在看顶上的雕花，那个纹路……"

"看什么看，快过来照相，好不容易到我们了。你要看雕塑，让爸爸照下来你回家在电脑上想放多大看就放多大看，想看多久就看多久！"

小女孩跑过去了，她妈一把拉过她，面对着大汗淋漓举着相机的孩子爸："看爸爸！笑！多照几张！"本来还是一脸不耐烦的孩子妈刹那间对着镜头笑靥如花。照完后，她似乎忘记了，让孩子再去看看顶上的雕花，更别说让孩子爸拍一张雕栏了。

她搂着女儿边走边不断启发："巴黎圣母院，咱们亲眼见了哦。可以好好写篇作文了吧？巴黎圣母院是哥特式建筑，你以后不知道什么是哥特式建筑就想想巴黎圣母院的样子，就记住了吧。它还是名著的书名，对不对啊？这本书是谁写的啊？是雨果还是巴尔扎克啊……你作文开头怎么写啊……"

随着他们走远，声音变得断断续续，和孩子妈滔滔不绝的兴奋相比，孩子怏怏地沉默着。**本来是那么费心想教育好孩子的母亲，为什么就不能多给孩子点空间和时间，让孩子用自己的眼睛看巴黎，用自己的语言述说巴黎呢？** 难道非要千篇一律地写"爸爸妈妈带我去巴黎，看到了雨果小说里的巴黎圣母院，她很美丽，是哥特式建筑……我很感谢爸爸妈妈不辞辛劳带我游欧洲，给我一个有意义的暑假吗？"

我很好奇孩子看到的那个雕花纹路是什么，我很想读到她用自己的孩子话描述那朵雕花。

最近，一个国内的熟人在朋友圈里晒她8岁女儿写给她的生日卡："妈妈，生日快乐！您辛苦了，我长大了要好好孝顺您，让您开豪车住豪宅，凡是爸爸不能为您做到的，我都会为您做到！"

的确是个有孝心的孩子，朋友圈也是一片赞扬说孩子懂事。可看到一个八岁的孩子，用这种程式化的语言来祝福，我还是不禁感慨，爱心的表达是否要附加那么多和经济挂钩的东西。

比起同龄的中国孩子，荷兰孩子要显得笨拙和幼稚多了。但是他们有孩子的样子，他们说孩子的话，最重要的，他们有孩子该有的松弛和快乐。

上周先生的表妹生日，她家里也有个7岁的儿子给妈妈生日祝福和礼物。祝福卡上他写的是："妈妈，我爱你，最最爱你。你的腿很长很漂亮。爸爸和我祝你生日快乐！"他还自己动手做了"帮妈妈礼券"的纸条，一共12张，妈妈要是累了闷了可以撕下一张让儿子或老公履行纸条上的事。比如，"帮妈妈洗车"，"给妈妈揉肩捶腿十五分钟"，"给妈妈唱歌"，"和爸爸一起逗妈妈开心，要让妈妈笑一个小时"，"给妈妈采一束花，插在妈妈床头"……很多字他不会写，是用画的。

全是生活中出力就能做到的小事，没有什么金钱的概念，那么孩子气，可是那么有爱。

从这个孩子身上，没人觉得爱是件很遥远很沉重的事，我们可以不知不觉地相信爱和亲情是一种笃定的存在,只要我们用心感受和表达,一切自然而然地都在那里。

昨天荷兰邻居 6 岁的儿子,还举着手对我说:"我是有 5 根手指啊,可为什么要是我认真数,我就只有 4 根了呢?我不敢数了,只要数,我就要少根指头。"

我说:"你数给我看,怎么会少呢?"

他扳着手,仔细地数:"0,1,2,3,4。这不是 4 根吗?"

我边笑边给他解释:"0 不能算,0 是代表不存在的东西。指头是实在的,要从 1 开始数。"

他又数:"1,2,3,4,5!"然后开心地笑了:"太好了,我总算又有 5 根手指了。"

正说着,我们的电梯到了底楼,在欧洲底楼(ground floor)是从 0 开始算的,在我俩结结实实地踏在底楼的地上时,孩子又困惑了:"蔻蔻,你说 0 是不存在的,那你说我们现在是在几楼?"

好问题!虽然我肯定少不了笑着作一番解释,但交流是真实而开心的。

能不能就让孩子自由放松地说"孩子话"呢?这些话,不大,不空,不长,不远,但它会让你笑,让你暖,让你思考,让你通向那个小小的内心,看到里面最珍贵的喜怒哀乐,然后和他一起成长。他可以慢一点,也可以笨一点,但是他可以以他的节奏和方式成为一个独一无二的自己。就算她不知道雨果的巴黎圣母院,可她会说起在那个夏天的巴黎,她的父母陪她驻足静静注视那一片精美却不知其名的雕栏塑像,那抹记忆里永远温暖的欧洲艳阳。这样,有什么不好呢?

教孩子"给予"，要做加法，而不是减法

从小，我妈妈就教我要懂得"给予"。

在待人接物上，妈妈总说："蔻儿，你去别人家，不能空着手，要有所准备。吃的用的，有心想着给人家送去。啥都没有，就别去串门，不要让人觉得你想沾别人什么。"

我一直照做，保持着礼数和周到。

结婚后，我发现我的荷兰先生受到的"给予"教育，和我的有些不同。

我先生的父母对他说：**"给予的前提，是要自己去发现他人的需求以及身边的美好。就算空着手，也不能空着心。给予，并不局限于物质的东西，分享美感，表达体谅，也是'给予'。"**

我先生儿时，除了用零花钱给人买礼物，还有很多奇思妙想的给予：路边采摘的一束野花，他背诵的一首美丽诗词，他表演的舞蹈，他自制的卡片……

这种引导，使我先生如今成为一个感受力强，包容宽厚，化解问题、处理局面沉稳恰当，并充满生活情趣的人。

这种"给予"教育，同样在我先生的整个家族里传承给了再下一代的所有孩子。

我旁观着，觉得这种方式，比我母亲当初教我的更好些。

我接收的"给予"理念，会因为强调实物而有局限性，也会给孩子带来压力。

长久以来，我总考量着，是否有能力准备货真价实的东西给别人。若没有，我会选择和他人少走动，不愿给人添麻烦。

回头想想，这也太小心翼翼、客套拘谨了。

而我先生，却在从小到大的观察和感知中，学会了更广博更有温情的"给予"。

其间的区别就是，一种是"减法式"给予，而另一种是"加法式"给予。

减法式给予，不易发散可能性，路会越走越窄。给予和接受的双方，是一种单向付出，互动和共鸣感不强。虽有礼节，但不免会有一种随时审视评判自己能力的紧张。若给不出来，不但孤立了自己，还有可能出现沮丧泄气的挫败感。

加法式给予，可行性创新性强，选择多，路越走越宽活。给予和接受的双方，互动触点的层面多维度广，更容易有情感联系和同理心。没有回报的压力，可能性还多，会增强人的自信感。

我收到过数不清的来自夫家孩子们的令我印象深刻的"给予"。

四岁的 Martin 带着一管粘木头的胶来看我。

他指着我家地板上松脱的隔边条，说："我爸爸就是用这个胶把这些重新粘牢的。你也用它把地板粘好吧。虽然我知道是怎么粘的，可惜这种胶小孩子不能用，我就帮不了你了。你看说明书吧，一看就会！我和你一言为定，等我长大了，我就帮你粘！"

我没想到，我忽略的地板，被一个小小的孩子注意到了，并且给我提供了解决办法。

每年我从中国探亲返荷，都会有一两周低落的思乡情绪。

荷兰的亲人深知我这个情况，在给我接风的家宴上，大家都对我格外关心。

15 岁的 Bas 为了让我不要太难过想家，亲自提前串烧好了一张中国歌曲的光碟给我。

"第一首歌旋律很带劲，非常好听，我给你连录了 3 遍，是加长版的。后边的也是很嘹亮的感觉。我连续听了几天的中文歌，不下 200 首曲子。你开车上班时放，保证让你听了开心。" Bas 说自己完全听不懂中文歌词，选曲标准就是节奏欢快，曲调激昂。

我返工第一天清晨，将 Bas 为我特制的碟放来听，车内响起三遍《义勇军进行曲》，接着就是《上海滩》主题曲。

不难想象，一大早连续听三遍国歌，再紧跟着那句高亢的"浪奔！浪流！"，无论什么低迷都烟消云散了。

在一次家庭聚会上，我提到近期会去巴塞罗那度假。

12 岁的 Carol 周末来访，掏出一本 Lonely Planet 介绍巴塞罗那的旅游书给我。

Carol 妈说，前天她去图书馆借书，Carol 也跟着，一进去就跑到旅游书柜，找关于巴塞罗那的书，对妈妈说要帮我借这本。

"这书能借 21 天，你可以现在边看边准备行程，去那边玩完了，带回来再还。我专门选的袖珍版，瞧，书不大，你随身好带，翻看很方便。" Carol 一边展示书，一边贴心地讲解着。

7 岁的 Luc 去了趟阿根廷旅游，回到荷兰第一次见面，带来两块奇异美观的石头给我和先生，他知道我们夫妻俩喜欢收集石头。

听说，Luc 在阿根廷，随时留意着石头，沿途捡了不少，每晚都不断比对筛选，最后留下了两款最特别的，长途跋涉地给背回荷兰。

小 Mary 为了不打扰我和大家谈兴正浓的聊天,在我书桌上默默留下一张提醒的纸条:"蔻蔻,你家阳台上的令箭荷花开了,别忘了看哦!"

也是她,听说我办了微蔻很多人读我的文章,可不懂中文的她无法知晓我写了些什么。她有次声称给予我的是她的"耳朵",想听我跟她讲我写作的话题。

这些"给予",不局限不刻意,都用了心,有立体的维度、互动的广度、记忆的长度和温暖的深度。

"加法式给予",正面地教导孩子意识到广义的给予,无论是家人间情感的给予、社会上人际交往的给予,还是工作中才干的给予……它渗透在生活的各个层面。

于外,这种"给予"和外界建立了延展性及参与感。孩子自然主动地观察周遭环境状况,关注他人的言行喜好,逐步掌握发现美、表达爱的能力。

于内,它培养了孩子反观内省的感受力和良好的共情能力。孩子会有意识地挖掘自己的潜能,发挥创造力,并展现交流出来,对自我定位更加敏锐准确,对认识个体和他人的界限及互动也能更清晰、更有分寸感。

就算空着手,不能空着心。

一场倾听,一个拥抱,一句赞扬,一段祝福,一声鼓励,都是传递了心意和惊喜的"给予",这些珍贵的点滴越积越多,生命由此厚重,生活因此美丽。

为什么我们教孩子"信守承诺"总是收效甚微？

　　我觉得中国和欧美对人格教育最大的不同，是欧美家庭和社会特别注重对"信守承诺"的培养。他们不仅能教导孩子守信，而且能确保孩子做到。

　　信守承诺，其实是中西方家庭都会教育孩子的基本品质和行为准则，可收效真是大相径庭。中式家庭在意的一般是在某一个具体事件上"不撒谎"就行了，或是能兑现一次性就能完成的承诺，如"周末带孩子去看电影"，就不错了。可对于长久地坚持信守承诺，并且转化为持之以恒的行动，在我们的教育里则略显苍白无力。

　　我们的文化里，人情总是大于契约，所以我们不太尊重准则。对家人间的承诺更不看重，"差不多就行了"是我们挂在嘴边的话。只要没有外界的监督，只要不用做给人看，我们是不会"较真"去走过场的。

　　可是，中国现在与国际的接轨和合作越来越多了，大家出国旅游、学习访问的机会也比比皆是，学会理解、分析并且履行承诺，很必要。这不仅能让我们自律有效地面对和处理生活、学习以及工作中的境遇和事务，更能让我们自强自立地保护和捍卫自己的权利。

教导孩子并真正让其做到"信守承诺"不容易,需要理性和管理意识,不是一句口号就能完成的。

首先,要"信守承诺"的前提是不能轻易承诺,并且要会分析诺言的实质,经过思考,真正理解其伴随的责任和义务时才能答应。

有一次,在我中国和荷兰两位朋友家里发生了一件相同的事。这两家的女儿都在学钢琴,钢琴老师都是请到家里,每周一次一对一单独教学。这两个女孩子向她们的妈妈提出,要妈妈也和她一起学钢琴,不仅仅是陪着练。荷兰女儿的理由是希望能和妈妈一起学一样东西,中国女儿是觉得妈妈和自己一起学可以壮个胆。

中国妈妈为了给女儿打气,一口就答应了,坚持了一个月后,就不太喜欢,也顾不过来,常常爽约。开始她还找点理由,说工作忙或是头疼脑热身体不舒服,后来干脆连理由也不找就不学了。

女儿倒是还在学,不过常常会说:"妈妈一点耐性也没有,说话不算话!"

她妈妈反而会回她一句:"学琴是你自己的事情,把妈妈扯进去干吗?妈妈又要上班,又要忙家务给你做饭,你懂点事,行不?你什么时候把你妈累死,你就高兴了。"

既然工作家务是生活常态,不是承诺和孩子一起学琴后才出现的新情况,为什么起初不多想想,那么轻易就答应呢?这样出尔反尔的举动又将给孩子怎样的影响呢?

荷兰妈妈的做法就要谨慎和理智多了。

妈妈:"你要让妈妈和你一起学东西,首先要选一样妈妈和你都喜欢并且想学的。你怎么不问问我喜欢不喜欢学钢琴啊?要是妈妈不想学琴,那么我们可以找其他我们都喜欢的一起学。勉强学,多不开心啊,你也不喜欢被勉强吧。"

女儿:"妈妈,那你想学钢琴吗?"

妈妈想一想，说："我可以试试。"

女儿喜出望外："太好了，那我们就一起开始学吧。"

妈妈："我只答应先试试。妈妈先和你一起学两个月，再决定之后要不要继续吧。还有，妈妈要和你一起学琴，还要安排一下工作和家务的事情。我要和大家商量一下，我们再一起开始。"

于是，妈妈把这个计划告诉了其他家人，也通知了自己单位的上司，安排好了在女儿学琴的每周四提前一小时下班，回家和女儿一起学琴。学琴当天会晚一个小时开晚饭，爸爸要帮助准备一些菜肴。

两个月后，妈妈彻底喜欢上了弹钢琴，到目前还在和女儿一起学琴，已经4年了。

可以看出来，这位妈妈首先解构了承诺，她对做出承诺很慎重，分析很细致。她阐明了要尊重别人的喜好，界定了承诺的时限，并且安排好了工作和家务的平衡及履行承诺需要的支持。孩子在整个过程里，得到的不仅仅是和妈妈一起学琴的乐趣，还有很多规划和分析事务的能力，最重要的是了解了承诺的许下和履行需要谨言慎行。

其次，要"信守承诺"很重要的是对违背承诺后的应急反应，如何分析和解决状况，并重新建立互信关系。

一个十六七岁的孩子，去参加了一场周末派对，回家时比应承父母的时间晚了两个小时，到家之前也没跟父母致电告知晚归的情况和原因。可以想象，当孩子用钥匙打开家门后，要面对的肯定是等孩子等得焦头烂额的父母，可中国和欧美家长在开口后的训斥侧重点立马就可以见出不同了。

中国家长的做法一般是先情绪激动地诉说自己是多么提心吊胆和焦虑，怕孩子出什么意外；接着，指责孩子是多么不懂事，也不知道告知家人晚归的情况害父母操心；最后，气头上放下狠话："以后再也不许你出去玩了！"

在中国家庭里，谁都知道说出"以后再也不许怎么样"的父母其实对此完全没有监控和执行力，所以这几个字不过是带有恐吓性质的空话。而孩子下次要去派对的做法基本会走向隐瞒或撒谎。"爸爸，我去同学家做作业。晚点回来！""妈妈，我周末和几个同学去郊游，要在外面住一晚。"…… 这样的台词和与同学串通的"密谋"从此开始不断上演。

而欧美家长的做法一般只纠结于一点：你许诺的返家时间为何要违背？你不遵守承诺，下次如何能被信任？

在欧美家庭，大多会这样交流：

孩子："对不起，我玩忘了。我最初没有想到派对会有那么多好玩的东西，以为玩到 12 点就差不多了，结果不知不觉玩到了凌晨 2 点。"

父母："没有预料到可以理解。但为什么没有打电话告知我们？我们在为你担心，知道吗？遇到这种情况，你要和我们商量，不能擅自采取行动，这是一种相互的尊重。"

孩子："知道了。不过要避免这样的情况发生，我能否把离开派对的时间从 12 点延后到凌晨 2 点呢？因为真正带劲的音乐从 11：30 之后才开始，12 点就走太扫兴了。"

父母："这样吧，你凌晨 1：30 结束派对，凌晨 2 点是你到家的时间，不能再晚了。"

孩子："好，凌晨 2 点到家！如果有任何特殊情况，我会提前致电和你们商量。"

父母："你这次没有遵守承诺按时回家，你的理由我们接受，我们愿意再相信你一次。下次派对的回家时间，已经按照我们的商量重新调整了，你能遵守吗？"

孩子："会的！"

父母："你已经失信一次了，如果下次再犯，你自己建议一个惩处方式吧。"

孩子："我肯定会做到的。如果没有，我就罚自己半年不参加任何派对。"

父母："一言为定！谁都不希望你半年参加不了派对，你只要说话算话，我们不会干涉你每月去一次派对的频率。好，晚安，做个好梦！"

　　显而易见，这是一种用家庭间的谈判来讨论对承诺的遵守，对彼此信任关系的重建和以后规则的运行模式、奖惩方式。以这种方式确立出来的新准则兼具理性和实际操作监督力，双方都容易遵守。而父母和孩子间行为和信任的透明度也很高。

　　信守承诺，决定了每个人在生活、学习和工作中的责任感、坚持性和审时度势的能力；它甚至左右着社会和人情关系间安全感的张力。这是个大课题，但我们不妨从小地方做起，多一丝谨慎，多一点耐心，多一份态度，多一层安排，多一些交流，如此，我们与孩子共同修炼这四个字：信守承诺！

第二章

教育，比哺育更重要

奶奶姥姥们，别再这样带孩子了

尊重，是赢得的，不是给予的

孝顺不用教，用爱心以身作则最好

别让亲情"貌合神离"

……

奶奶姥姥们，别再这样带孩子了

咱们中国人带孩子，少不了祖父母和外祖父母的帮助。对老人来说，天伦之乐，就是含饴弄孙，三代同堂是梦寐以求的幸福。

可是，老人对孩子的教育方式，确实有待商榷。

我指的不是隔代亲的宠溺，而是我们文化里习以为常，却该杜绝的某些育儿思维！这种教养分歧在海外的华人家庭里尤其多见，不仅让孩子的父母有苦难言，更阻碍了孩子的社会适应力和正常的身心成长。

哄骗式教育

我们特别喜欢哄孩子。

比如，家里规定，孩子一天只能吃两颗糖，配额用完了，孩子继续要，老人狠不下心拒绝，就把糖果藏到柜子里，说："吃完了，没有了！"

说好了要带孩子去公园，临时因为累或天气的原因要取消，就哄孩子说："关门了，去不成了！"

孩子们都精着呢，搬把椅子就能踩着从柜子里把糖找出来，拿着 iPad 就能查到公园没关门，你怎么自圆其说？就算孩子一时被骗了，以后呢？

哄孩子，其实是对自己的执行力和说服力没有信心、无法贯彻而表现出的搪塞和欺骗。

为什么不诚实地向孩子说明不能吃糖果的原因，以及对规矩要遵守的态度？同样的，要取消一个外出的活动，请告诉孩子真实的原因。若是因为天气，就让孩子懂得对自然因素的妥协；若是因为疲惫，就教孩子学会对家人的体谅。

大让小教育

很多时候，老人特别喜欢不问缘由，让大的孩子让着小的孩子。

"让妹妹嘛！你是哥哥要懂事！"

"先让弟弟，他小！"

这些耳朵都听出老茧的裁决，根本没有仔细去询问和考量孩子们争执的具体原因。看似是教导长幼尊卑，其实是乱和稀泥。

如果是因为哥哥姐姐身强力壮，没轻重，要耐心地引导他们注意力道，不要伤了弟弟妹妹。

针对争执的事情，大的孩子如果有理，一定要捍卫；小的如果无理取闹，倚小卖小，一样要批评。

不管在幼儿园、学校还是社会，都没有年龄大的要让年龄小的这类准则。在家里如此操作，会让孩子走出家门后面对纷争无法正确处理问题。这种大让小的教育方式是对"公平公正"的漠视，会直接损害孩子的价值观。对大的孩子来说，会委屈和丧失安全感；对小的孩子来说，没有学会正常捍卫自己的权利，出了家门，将举步维艰。

恐吓式教育

在学习教育行为心理学时，我看的某本相关的书中列举了不同文化中的恐吓方式，中国家庭里的恐吓式教育"荣登榜首"。

别国"恐吓式教育"里那些对孩子的大吼、扬言要暴力惩罚，我国都有；而中国家庭还发明了一种恐吓，集"画面感、故事性及与实际的对接度高"于一体，达到了终极恐怖的效果。

这种"狼外婆式的恐吓"，知道孩子怕什么就专拿什么吓孩子。

"你不听话，就带你去打针！"

"你不睡觉，等会儿老鼠就钻你被窝里！"

我还见过一个更绝的恐吓，是一个奶奶吓孙子的。

六岁的孩子，不喜欢吃蔬菜。奶奶为了他的健康，就讲了一个故事"鼓励"他吃菜：

还记不记得上次我们一起回农村老家？天阴阴的，走到一条没什么人的小路上，四周传来奇怪吓人的风声。突然，一个很脏的披头散发的姐姐冲出来，把你手上的玩具抢了，还把你的手抓疼了。你吓哭了，非让爸爸开车离开，当夜我们就回城了。那个姐姐是个疯子，专门抓不吃青菜的孩子。你再不吃菜，奶奶就把你丢到老家的那条小街上，不接你回来了，让那个疯姐姐管你。

孩子当时就吓哭了，虽然吃了蔬菜，可饭后就吐了。听孩子妈说，孩子连续几个晚上睡觉都会被吓醒，做梦也在喊"不要疯子姐姐抓我"。

奶奶心疼了，马上改口："奶奶瞎说的，疯子姐姐不会来！不吃菜就不吃吧，奶奶给你做最爱吃的红烧肉。"

既给孩子造成了心理阴影，教育的方向又前后矛盾！

孩子是有情绪记忆的。埋下一个恐惧的创伤，有时需要几十年才能恢复，信奉此等教育之道的家长们，别再这么不负责任地恐吓孩子了。

告老师教育

不要教孩子什么事情都要告老师，孩子要懂得什么该告老师，什么该自己解决。

在任何社会和文化里，老师、家长和领导都属于等级较高的人际关系，而人最需要的是同侪的认同和支持，能否和同侪良好相容，是我们界定身份、决定归属感、建立安全感并获得喜悦和创造力的根本。

和同侪相处，首先要学会的就是自己处理分歧的能力，尽量在平等的关系中相互缓冲和界定自我及彼此存在的空间。这种处事方式，越早培养越好！

告老师，让代表高级别的权威来解决问题，不仅放弃了培养孩子应对冲突的能力，更会丧失同侪的认同和尊重，使得孩子被边缘化。

责任外化教育

孩子摔了碰了，我们除了忙不迭地把孩子扶起来，还有一个最具中国特色的举动：打地、打桌子板凳，"惩罚"这些"伤害"孩子的物体。

孩子和宠物玩，被抓了，老人也会直接打猫打狗。

这些举动外化了孩子该自己承担的责任，让他误认为错误都是"别人"的，而处理方式就是责打。说小点，这忽略了让孩子了解今后该如何防范摔碰及怎么跟宠物相处；说大点，这是逃避责任和暴力处事的行为。

我见过一个外婆，就是这样对待外孙女，结果这小女孩在荷兰的幼儿园里，摔倒了就狠狠地踩地打板凳，幼儿园的小朋友都笑她孤立她，老师也觉得这孩子有行为问题。

所以，最爱孩子的爷爷奶奶、外公外婆们，除了要有一颗爱孙辈的心，还要爱得其法，戒掉这些不良的育儿思维和方式。

孩子，是上天给予我们每个人最好的礼物，不仅给了我们生命最本质的活力和喜悦，也给了我们一个契机，重新审视生活，自省个人的言行。带孩子，是一条和孩子共同修行的路，我们不是领他们成长，而是和他们相伴，一起成长！

尊重，是赢得的，不是给予的

Valda 姨妈是个热心肠好出主意的人，这种秉性的优点不少，但分寸若没掌握好，就容易变成"管闲事生是非"。

与 Valda 姨妈在一起，她会把里里外外都照顾周到。一顿早饭，就算每人点一样菜，她也会不厌其烦地做好。可我们对她的殷勤似乎都没特别的好感，反而因为她对人过度的操心和关注倍感压力。早餐桌上，你只想吃一片吐司面包，她偏要劝你吃两片；你只愿加片奶酪，她非要给你再煎个蛋。你花园里的某株植物长虫子，她不问清楚就给你买一大堆花草除虫剂，既浪费又不对症下药。你身体不舒服，她不管你隐不隐私，就把病情在亲朋好友间一通"宣传"，让大家来关心你……

其实，Valda 姨妈对待儿孙满腔关爱又不辞辛劳，就是缺乏些界限感。若在中国我们遇到这样的亲人，就算顶着再大的压力，也会念着她的好和辛苦，对其尊敬有加。但在国外，大家的应对方式可能就不同了。

令我感触颇深的，是我在欧洲定居不久后的一次家庭出游中发生的纠纷。

Valda 姨妈在旅途中完全闲不住，一会儿给谁递个三明治吃，一会儿又建议大家坐下喝咖啡，谁要是进个商店，她就鼓捣你买这买那。对于小孩子的行程，她就像是导游似的，给人出谋划策。

Valda 姨妈从旅游中心拿了一大堆资料，兴冲冲地对着 9 岁的外孙 Jaco 和他 5 岁的妹妹安排："这附近有条地下暗河，可以坐船进去看石钟乳，有专门给小孩子讲解的项目。"说完又冲着女儿女婿一努嘴："你们等会儿就带孩子去，多有趣啊！"

不等人反应，Valda 姨妈随即又拿出一张城堡旅游简介，说："暗河出来就是这个城堡，里面有'家庭换装游园活动'，家长和孩子都要换上男爵一家的服饰参观城堡。你们快去报个名，晚了就错失良机了！要不，我去帮你们报名？"

Jaco 突然站起来，冲着自己的外婆说："停！您今天对每个人发号施令太多了，说的话提的建议也太多了。您也没有问问我们的想法和意见。从现在起，我决定不听您说了，您的旅游行程我不感兴趣，也不会去！"

虽然我觉得 Jaco 言之有理，但在那之前，我从未见过一个小孩子敢跟祖父母辈的人如此说话，想都没想就责备 Jaco："你怎么这么不尊重外婆呢？外婆是好心，还不是为了你们能玩好些吗？"

Jaco 不甘示弱地跟我顶嘴，说了句让我至今难忘的哲言：**"尊重，不是别人给予的，是自己赢得的。我能给的，是容忍，但现在我不想给这样东西。"**

我被噎得说不出话来，令我孤立无援的是，在场的所有亲友，包括 Valda 姨妈和我先生，都说我不该介入这场纷争，并认为我责备 Jaco 的理由站不住脚。

这件事若要按照西方教育的逻辑来分析，涉及几个方面：

第一，尊重和包容不是一回事

很多时候，人们喜欢把"尊重"和"包容"这两个概念混着说。在欧美的文化思维里，如 Jaco 所言，尊重是要通过自己的言行来赢得的，而不是期待他人给予。你要努力获得别人的尊重才行，而不是想当然地认为只要你的年龄和地位在这，他人就该自然而然地把尊重给你。

倚老卖老或以势压人，都不用尊重。至于要维持、展现礼数和教养，则是用包容或是容忍的态度。包容，是完全取决于自己是否愿意给予他人的，是一种自我选择；但包容一种处事方式和性格特点，并不等于我们尊重它。

所以，当我责怪 Jaco 不尊重外婆的时候，在场的人都不同意给孩子扣这个帽子，因为尊重能否呈现出来，更多地取决于 Valda 姨妈是否赢得了它。Valda 姨妈不管不顾他人意愿的"好心"显然令大家不舒服，需要有人纠正。况且 Jaco 并未使用任何不好不敬的语言，只是比较义正辞严地表明看法而已，这属于各抒己见，不该被指责。

第二，不该责罚孩子的诚实

在西方教育理念中，常讨论一个命题：社会和家长该如何对待那个说出"皇帝新装"真实模样的孩子？由此派生出来的思考角度还有：家庭和社会的教育模式是愿意多还是少产出这样的孩子？"童言无忌"，该被制止吗？孩子的诚实该被责罚吗？

像"皇帝新装"里的那个孩子旁若无人地说真话，背后有很多教育深意。

一方面，我们都讨厌孩子说谎，可另一方面，想到孩子要承担说真话的后果，我们又希望孩子具备些圆滑，能独善其身。

诚实敢言，绝非简单易行的教育之道。欧美教育家把这列为复杂的难点，原因就是尺度和层面太多。

比如，"童言无忌"除了天真烂漫令人忍俊不禁地一笑之外，还可能不小心违反了礼数，冒犯了别人。忠言逆耳虽是必要的，却要考量他人的感受并把握好度，这需要反复权衡，必须凭借长久的训练和认知才能企及。

西方不会责备孩子的诚实，但会对此做具体的分析和处理，不太像某些中国家长对"童言无忌"笼统对待。

小孩子说了令人尴尬或是侵犯他人的真话，许多中国家长会直接想当然地制止："别乱说，不懂事！""说话没礼貌，要尊重长辈！"……其实这些断言，并不会让孩子从中学到分寸和礼仪，相反，会让其困惑，更会因为自己的感受没被理解而产生逆反心理。

我对 Jaco 的指责就犯了这个忌。我没有倾听他话里的意思，一棒子打死，用空洞的品德去要求他。我也没有建设性地告诉孩子，何为有礼有节的交谈。

敢于诚实表达想法，应该被鼓励！如果觉得话语的内容值得肯定只是方式生硬，可以具体对孩子说明：你的意思我明白了，说得很好，但你的表述方式可以再柔缓一些，比如这么说……也可以向孩子指出某种话语表达会刺伤别人，达不到预期效果。如此一来，孩子才能慢慢学会言辞和建议中的分寸。

第三，独立面对纷争和矛盾

中西方在面对冲突时，有个最大的不同，就是我们会在"以和为贵"的前提下"和稀泥"，而西方则认为独立直面纷争、化解矛盾是需首要培养的重要能力。我们不会把矛盾搬上桌面，更擅于"发暗箭"，不像西方人会直接"放明枪"。

在孩子与他人出现冲突时，家长要鼓励孩子独立面对，把自己的想法和态度明确地表现出来，旁人不要轻易插手。这不是"站干岸儿"，而是让孩子学会在出现分歧时，独立承担并为此据理力争，在交涉和矛盾中逐步成长，理清是非，探索分寸，逐步掌握与人交流往来之道，学会有理有据地谈判，具备处理复杂局面的能力。

正如 Jaco 觉得和外婆相处不畅时，他有权表达，并在他与外婆两人之间找到相处的平衡点和适宜度。如此，才更利于长久的和睦。

很多时候，我们中国家庭喜欢忙不迭地劝架，不太区分"家务事"的是非。"和稀泥"虽能暂缓气氛，但有时真的挺伤人。

我见过一位中国妈妈听到女儿们吵架，为了维持相亲相爱，不问缘由，也不分青红皂白，先各打一钉耙，再当和事佬。对着大女儿说你是姐姐要让妹妹，又对着小女儿说你是妹妹要听姐姐的。结果两个女儿哭得更厉害，都委屈得不得了。

劝人各退一步，有时的确能海阔天空，但也不得不说，不正视矛盾更容易暗里结下梁子，心结越积越多，隔阂也就越来越深。这种劝和但不讲理的方式，很难建立人与人相处张弛有度的界限感，会成为相处的障碍。故而我常觉得中国的家庭关系远不如大家认为的好，表面一团和气，心里暗潮涌动，活得累，彼此间也没有太多的信任。

第四，爱的实质和爱的方式

Valda 姨妈和 Jaco 之间摩擦的结果，是他们就交流方式和对他人感受的体谅谈了许久。Valda 姨妈明白，更让人接受的方式，是将旅游的选择传达给家人，而接受与否要留给别人自己决定。而 Jaco 也意识到要改进的地方，因为在他拒绝外婆的时候，在某种程度上也影响了别人的决定。比如，他妹妹就很想去那个"古堡换装游"，但一听哥哥不去，就不敢说要去了。还有，Jaco懂得了，就算表明立场，也要先感谢别人的付出。于是 Jaco 感谢了外婆帮他们查旅游信息，否则妹妹就不知道这个有趣的行程。

我听到 Jaco 妈妈跟他聊，我们不能因为爱的实质，而去忽略爱的方式。即，我们感恩外婆一片好心爱孩子的实质，却不能抵消那些令人不快的爱的方式。Valda 姨妈的个性已经很难改变了，我们要以包容之心对待，无需期望她全部改掉，而是要在认为不恰当的时候，提醒她注意言行。

Jaco 问妈妈，这样有必要吗？

Jaco 妈说："有必要的。外婆也不想成为令人讨厌的人，更不愿大家疏远她，所以我们要告诉外婆真相和原因，而不是搪塞外婆。不妨心平气和地告诉她，我们能接受的尺度在哪里。我采取的方式，就是笑着跟她说'过界了'。其实，在我们表明界限时，也是在帮助外婆确立分寸。你今天就做得很好，只是别忘了肯定别人的付出，了解他人善意的出发点。"

孝顺不用教，用爱心以身作则最好

荷兰的父母和欧洲其他国家的父母一样，从不把"孝顺"两个字挂在嘴边，也不会列举生孩子养孩子的苦。

在家庭里，你听不到父母说以下这些话：

"你要孝顺爸爸妈妈哦！"

"我一把屎一把尿把你养大，你这么不乖，太伤我的心了！"

"我当年生你好痛苦，你又爱哭夜，妈妈月子也没坐好，还落下了病根。你要听话，要爱妈妈。"

欧美有一句俗语："父母对孩子只有责任，没有权利。"

这是一句"不平等"的宣言，宣扬的是父母对孩子的一无所求。

这和我们中国人认为的欧美家庭关系出入很大，我们听到得更多的是"子女满了十八岁，欧美父母就赶他们出门，不管了"；"国外的子女也不管父母，把父母丢到养老院"；"国外的祖父母自私不带孙子"……

一言以蔽之，我们认为，欧美人的家庭关系淡薄，远不如我们的家庭关系深厚。

我一点也不质疑咱们的家庭模式和亲人间的温暖。可我今天想说说，欧洲的感恩教育和家人间的情感支持体系是怎样的。

我问过很多荷兰和欧洲的家长，为什么感恩教育里没有孝顺呢？

他们听了都很惊讶，反问我："为什么要教导孝顺？孩子爱父母，不是只要我们对他们好，孩子自然而然会产生的感情吗？这是天性，为什么要教呢？"

欧美父母从不在孩子面前说生养孩子的辛苦劳累，他们认为将孩子带到世界上，是自己的选择，并非孩子的选择，而养育孩子是这种选择下分内的事，没必要提。

同样的观点，在国家层面，也是如此。比如，在荷兰没有强调爱国主义教育。我在一次活动里和荷兰政府的几位高官谈过这个问题，他们也是如此语调："爱国不是天性吗？只要你的国家好，你在这里有存在感、满足感，你不是自然而然会爱吗？就算你的心没有那么大去爱国，人总会对故土故乡有一份天生的情感，不就够了吗？这是不用教的。"

那么，欧洲父母不教孩子孝顺自己，他们教孩子什么呢？

在欧洲的文化价值观里，觉得心里有别人，更需要被教导。关于感恩的教育是教你要爱这个世界，爱大自然，爱小动物，关心比你弱小的人，尊重为你服务的人。

这是一种爱和给予的能力！

每个孩子在家里都能得到亲人的爱，而欧洲父母更关注的是，孩子出了家门能否得到他人的尊重和爱呢？

我觉得，欧洲人的感恩和温暖无处不在。

最初，触动我的是我公公。

我公公和婆婆在我先生很小时就分开了。后来公公再婚，我先生的继母玛尔达，带着她五岁的儿子亨克嫁过来。玛尔达的前夫，在亨克四岁那年患骨癌去世了。那是一段漫长而痛苦的死亡，在此之前的两年，玛尔达的前夫就被癌症折磨得无法行动，每天都要忍受从身体各处莫名冒出来的蚀骨疼痛。玛尔达边带着小亨克边照顾丈夫，陪他经历了大大小小的手术和化疗，直到他去世。

当年我和先生结婚时，去拜访公公，亨克已经 22 岁了，是个高大英俊充满阳光的小伙子，和我公公与玛尔达住在一起。亨克带我去参观他的卧室和电脑房，我发现在这两个房间里都摆放和悬挂着小亨克和一个男人及玛尔达一起玩耍的照片，在公园，在海滩，或是庆祝生日。亨克指着这些照片说："这是我小时候和去世前的爸爸在一起的照片。"

我来到客厅，在照片陈列橱里，有一层是玛尔达和其前夫的结婚照，他们三人的全家福，以及玛尔达前夫的独照。其他层里是公公、玛尔达、亨克和我先生在一起的很多照片，连我和先生的结婚照也已经摆放在内了。

我对先生说："亨克那么小他爸爸就走了，啥都记不住。干吗不直接认你爸当爹，全心全意地爱你爸？何必到处放他爸的照片，让亨克念念不忘呢？"

我公公刚好听到了，回答我："难道非要抹去记忆才能全心全意地爱吗？亨克的爸爸，在儿子两岁后就一病不起，不能陪儿子去游玩度假。亨克才四岁他就和妻儿永别了。我相信，他一定很不舍，一定很珍惜在他身体还好的时候，陪着亨克和玛尔达在一起玩乐的点点滴滴。虽然时光短暂，但是亨克的爸爸，一定希望儿子能记住自己，记住他陪伴过亨克的快乐时光。我们没有权利剥夺本该属于亨克的记忆，以及亨克爸爸对他的爱。"

公公又说到了玛尔达："玛尔达的前夫是被死神夺走的，他们并不是不相爱了。虽然之后，我和她爱上了彼此，开始了新的生活，可是她有权去缅怀过去，去思念她曾经的爱人。"

从那年起，我也加入了公公家每年在亨克生父忌日的扫墓活动。亨克每隔一个周末，都会和玛尔达去看奶奶，也就是亨克生父的母亲，几十年如一日，我公公也常会陪同。

让亨克记住自己亲生父亲的举动，并没有割裂他与我公公这个继父及我们大家的关系。相反，因为更宽容透明的爱，亨克和我们相处融洽，对我公公很有孝心。

我公公很喜欢吃我烧的麻婆豆腐，可我们和公公家住得远，一两个月才去看公公一次。于是，亨克就专门来找我学怎么做麻婆豆腐，还让我带他去中国城买了很多佐料。他说他学会了，就可以常常做给我公公吃了。

而玛尔达，至今和我公公已走过近30年的婚姻，相爱相知，非常幸福。

爱斯是我从读硕士起就交到的好友。我们同样热爱夜店、派对和那些"Happy Hour"时段无限量的鸡尾酒。可爱斯总把最疯狂的自己留给周五晚上的派对，周六的她总是玩得很节制，早早就回去休息。因为爱斯每周日雷打不动地要和她的邻居奶奶一起度过，从16岁起就如此。

听爱斯说，这位邻居奶奶终身未婚，帮着爱斯父母带大了她，对她很好。后来奶奶腿脚不太灵便了，她就每周日都去陪奶奶，给奶奶洗换床单衣物，收拾屋子，陪奶奶说话，看电视，上网，晒太阳，散步，购物。

爱斯就这样，从叛逆的青春期开始，无论如何懒散或骚包，十几年来坚持每周拿出周末宝贵的一整天，守候养育她长大的邻居奶奶。我和她一起去陪过奶奶几次，非常温馨的时光。爱斯的妈妈从隔壁的自己家给我们端来她烤的苹果派，而爱斯爸那时会帮奶奶整理花园。

我夸奖爱斯的坚持性，可她说："我从没觉得我是在尽什么责任或报恩。奶奶很爱我，看奶奶是我心底的一种需要，仅此而已。我非常享受和奶奶在一起的时光。"

这些都是因为自身给予了别人爱，从而自然而然得到爱的故事。

自发的孝心，和教导的孝道，并不完全相同。

爱心和情感若能双向流通，不但孩子会有感受和接纳爱的能力，更具备给予爱的实力。在这样的前提下，我同意，孝心，是天性，不用把"孝顺"挂在嘴边提醒。我们要有信心，只要正确地爱孩子，孩子绝对会爱父母，并且关爱这个世界，这是挡都挡不住的。

别让亲情"貌合神离"

我的一个朋友，很苦恼地跟我说起她对亲情的感受："我理解的爱是让被爱的人快乐。我疑惑父母为什么爱我，而我为什么爱他们？我觉得我和他们没有共同语言，他们更算不上我的朋友。父母一直对我不差，我感谢他们，但不觉得他们可爱，更谈不上爱他们。这是我自己的问题吗？还是因为我欠缺爱的能力？"

在很长的时间里，我也和这位朋友一样，有着相同的困扰。

中国家长们对孩子的爱，似乎总在"哺育"，很难上升到"教育"。只是无微不至关心孩子的生活起居，不在意孩子的思想轨迹和世界观。父母总是为我们力所能及地挡风遮雨，但却适得其反，丧失了"教育"我们独立处理矛盾、解决问题的机会。

到头来，中国家庭的亲子文化，好像彼此都缺少真实的交流平台，报喜不报忧，大家心安理得地躲在"代沟"的借口下，维持着"貌合神离"的亲情，无法坦然地承担以家庭为单位的同甘共苦。可能我有些言过了，但我的确常目睹身边的人们在亲情巨大关爱下伴随着的那种巨大压力，无法言说，无可奈何！

所以，我觉得我朋友的感受，完全不是她冷漠，或是她缺乏爱的能力。

恰恰相反，这正是她对情感的认识比较深刻诚实，也比较敏感丰富的表现。

我们中国的传统，把亲情血缘，定义成一种最高的情感，好似它不需要经营、不需要方式。

很多家里的长辈都理所应当地认为，你是我家的孩子，我该爱你，你也该爱我。

这本来没错，但是，他们普遍认为这种亲情的维护不需要学习是不对的。

我们是在成长变化的，可是很多父母一方面希望和我们有更多的情感联结，一方面却拒绝和我们一起成长。

无论我们长多大，他们对我们的好，永远停留在哺育和养育的阶段，只关心我们有没有吃饱穿暖，不关心我们真正在想什么，没有共同语言。

因为与家人没有共鸣，所以，我们会感到很难对他们产生喜爱。

我有个朋友，和我情况一样，成家立业，出国在外。

每年回国，她都希望和妈妈交流谈心，讲讲这一年的变化。

可是妈妈却只忙着给她做好吃的。

常常都是她才和妈妈坐下来说了会儿话，妈妈就突然站起来去厨房，说要看着锅，给她烧爱吃的菜。

其实，她已经出国多年，口味变了，很多妈妈做的菜，她早就吃不惯了，但是她妈妈还是按照她儿时的喜好，在呕心沥血地操劳着，做饭做菜。

她总会把那些饭菜吃下去，因为除此之外，她不知道和妈妈之间还能有什么联系。

如果反驳或以实相告，母亲一定会失望伤心，自己可能会被说成不感恩不孝顺。

这是爱，或者不是爱呢？

说不是爱吧，可父母的确付出了那么多。

说是爱吧，可父母没有来了解我们，也不愿看到我们的改变，彼此间说句真实感受都开不了口。

多么让人泄气啊。

如果是一对夫妻，某一方把爱想当然地建立在不了解之上，逼迫对方承受不愿接受的关怀，并不断宣称自己的牺牲，大家会理解那种压力。

但是，亲子关系却不一样，长辈占据着道德的最高点，因为他们养育了我们，并且一直在为我们操心，无论这些是不是我们选择和需要的，都不能拒绝抱怨。

这真的让人压力极大。

不少中国的家长，喜欢强调爱的实质，却不在意爱的方式。

他们不懂，在没经过别人同意下的给予和任意强加，其实就是一种不尊重，一种自私的控制欲，哪怕是以爱之名。

其实，亲子之间的关系，也没必要非得共同成长和牵连在一起。

孩子成长为他自己了，有可能和父母成为朋友，也有可能完全不能成为朋友，这本来很正常。

在国外，亲子相处陪伴到一个时间点，都会变更相处方式。父母与孩子，以及兄弟姐妹间，合得来则多来往，合不来则少来往。

各方都看得开，谁也不会强求自己，谁也没必要委屈自己。

每个人，首先为自己的生活和幸福负责，过好自己的日子。

但是，我们的文化，会说国外那样很没人情味，国外的父母不爱孩子。

其实，尊重孩子，尊重自己，给彼此空间，也是一种爱。

非要黏在一起，用亲情困到彼此都不开心，才是人情味吗？

亲人间有些距离感，各自按自己的方式生活，为自己的幸福负责，并不等于疏远和漠视。只是在相处模式上，更尊重彼此的需求罢了。

我先生的姨婆，去美国亲戚家住了一年回到荷兰，邀请亲戚去她家吃饭。

　　她知道我一直很喜欢吃她做的一道菜，可是毕竟一年未见，她还是专门打电话来问："蔻蔻，你口味没变吧？还喜欢吃那道菜吗？"

　　我觉得，问这句话并不是疏远客套，反而是一种体谅，不去想当然地决定一切。

　　我们肯定是在意我们的亲人的，也感谢他们。在他们有困难时，我们会义不容辞地照顾帮助，但是这并不等于我们必须和他们亲近。

　　我觉得，在亲人之间有些界限感，彼此都轻松，而能让人放松的关系，就是好的。

父母的大包大揽，只能让孩子觉得什么都"与我无关"

有一回，我去看一个半商业性的国际儿童舞蹈表演活动，有中西方很多不同国家参加。

孩子们的一些排练，也是公开的。

我和同去的几位荷兰舞蹈老师，刚好赶上一队十岁左右的中国孩子在彩排民族舞，大部分是女孩，漂亮可人。

老师大声而严厉地指导着。

一个女孩，因为动作不对，被老师骂了一顿，勒令出队："到墙角那儿，重复 100 遍再归队！"

孩子表情木然地走到角落，开始重复舞蹈动作。

老师盯着她，厉声提醒："表情呢？微笑！"

一个微笑，随即浮现在孩子的脸上。

看着这个小小的美丽的身影，机械地笑着，转圈，抬手，扭肩，我们都不禁心疼。

接着，去看美国的舞群，全队都是女孩子，年龄和中国孩子相仿，一些人在排练，一些人在就动作和老师讨论。虽然也有排练的紧张，但笑声不断，气氛挺放松。

中国的舞蹈在正式表演时，大气优美。我寻找着那个被惩戒的小女孩，她在舞群里，嘴角牵动的笑容，弧度和之前在角落练习时的一模一样，看不到她内心真实的悲喜。

澳大利亚的孩子们，充满活力地打着鼓，踩着鼓点，独特的笑颜伴随着声声呐喊。

泰国孩子们的舞，祥和静美，明眸交错。

美国女孩们表演的是街舞，逼人的感染力，洋溢着欢乐不羁。

如果认为一位老师的高压管理导致了舞蹈表现力和孩子快乐程度的差异，似乎只是皮毛现象。在整个演出结束的后台，大家卸妆准备离开，中国孩子这边又出现了另一番境况。

刚才严厉排舞的老师，变成了一个不断叮咛孩子清理卸妆台并事必躬亲照顾孩子收拾行装、清理垃圾的老妈妈。她走来穿去，一会儿帮孩子捡起废置的卸妆棉，一会儿又帮孩子叠衣服，话语不停："这是谁的手机？别乱放，记得收好！弄丢了不好找哦！我这有矿泉水，谁要喝？喝过的矿泉水瓶不要乱丢，先放在这个塑料袋里，等会儿一起丢……"

刚才"听话认命"的孩子们此刻似乎转了性，完全不理老师，事不关己地漠然玩着手机或 iPad，相互说笑着，衣服鞋子凌乱地散在地上和椅背上，一次性水杯、矿泉水瓶乱放，起身离开时，卸妆台和地面依然脏乱，而老师们跟在后面边念叨边打理。

我的眼光再次停在之前被责令出队的女孩子身上。她戴着耳机听音乐，对身边的人和事毫不关注，一脚踩到不知是谁乱丢到地上未喝完也没盖紧瓶盖的矿泉水瓶，眼睛都不眨一下，抬脚顺势一踢就走了出去。矿泉水流洒到地上，老师惊呼着赶紧清理。

中国孩子外出表演，一般随行的老师多，被无微不至地照顾着。除了负责排舞的老师，化妆、服装和领队的老师都不少，孩子们化妆卸妆、梳头更衣几乎都有老师帮手代劳。

在隔壁的澳大利亚和荷兰代表队的表现则截然不同。孩子们并没有被照顾，自己动手梳妆，除非要戴复杂的头饰需相互帮助一下，一切都是自己来。老师就一两个人，简单交代下就去做该做的事走开了。孩子们爽利地打包好各自行装，把梳妆区域清理得干干净净，垃圾也分类归好，陆续离开。

这种看似矛盾的关系和团队管理互动的模式，大家不会陌生，它可能体现在学校、家庭和工作等各类环境中。看似强势的领导、老师或家长，一方面专横独断地发号施令，另一方面又操碎了心费尽了力地关照（其实源于心里并不信任对方），最后呕心沥血也不讨好。看似弱势的员工、学生或孩子，表面上顺从不言，但私底下并不买账，弥漫着听天由命的无所事事和不关己任的消极漠然。

出现这种状况，其实是一种教育和管理的失常，教育者不得要领，被教育者误入歧途。

单说教育，老师或家长对孩子责权义务和做事模式的大包大揽，对其过度保护过度管控，会让孩子难以建立自我认知，无法对身边的人事物产生归属感和融入感，觉得一切都"和我无关"。如此一来，孩子以负责任有担当的方式来对社会做出贡献并实现其价值的机会被剥夺了，他们觉得没有能力和动力去把握自己生活的起伏转变，所以很难有主观能动性、参与心和责任感。

与此同时，孩子会养成依赖心和表面上的被动接受与顺从，因为缺少真正展现和锻炼自己能力的平台，孩子会认为逃避、消极怠工、反叛是理所应当，而报复、操纵他人变相为自己服务或承担后果则是得到心理平衡和存在感的方式。如果孩子的聪明才智和精力全用在逃避、叛逆和操控上，他们如何建立为人处事之技能、洞察力、同理心和适应性呢？

美国杰出的教育学家简·尼尔森所著的《正面管教》一书中谈到，家长和老师对孩子控制过多或过于娇纵，都无法培养孩子的责任感。只有在和善、坚定、有尊严、受尊重的氛围中，孩子才有机会去学习具备良好品格所需要的价值感、责任心和生活技能。

尼尔森博士在书中总结了成为一个有能力之人所必需的七项感知力：①对个人能力的感知力；②对自己在重要关系中之贡献价值的感知力；③对自己在生活中影响度的感知力；④内省自律能力；⑤人际沟通合作力；⑥整体掌控平衡力；⑦判断评估力。孩子如果产生了不良行为的问题，常源于家长和老师没有找到有效的方式来培养孩子的这七项感知力。

如果家长精心为孩子提供机会，允许他们为家庭生活做有意义的事情，与父母并肩做事、边干边学，孩子会感受到被需要以及自己的重要性，会加深对自我的认识，自然而然地可以培养出以上感知力。

尼尔森博士将大人与孩子之间的互动方式分为三种。严厉和娇纵是家长老师最容易走入的误区，而正面引导才是最好的办法。

严厉 （过度控制）	有规矩但没有自由	没有选择 孩子不参与决策	"我要你怎么做，你就得怎么做。"
娇纵 （没有限制）	有自由但没有规矩	无限制的选择 不承担后果责任	"你想怎么做，就怎么做。"
正面管教 （有权威的；和善与 坚定并行）	有规矩也有自由	有限制的选择 共同制定对双方有利的规则。共同决定在遇到问题时对大家都有益的解决方案。当家长必须独自做出决断时，坚定而和善，维护对方尊严，给予对方尊重	"在尊重别人的前提下，你可以选择。"

现在回头来想想文章开头提到的那位老师的言行，就是在严厉和娇纵

两种无效管教方式之间来回摇摆，自始至终都自说自话，没有维护孩子的尊严和感受，故而孩子无论是排练跳舞还是收拾后台都没有参与感。被严管的孩子，除了退缩外还会产生报复的心理；而被娇纵的孩子，会认为这个世界欠他们的，常会愤愤不平。两者均难以培养出孩子独立的人格和良好的生存能力。

若用尼尔森博士提出的正面引导理论重塑一下当时的状况：孩子如果舞蹈动作不对，老师可以询问，是不是孩子不理解动作要领而需要再度讲解，或是让孩子自己分析下不能完成动作有何原因。有时排舞的动作程序不顺，也会导致舞者难以掌握，可以共同商议修改。而到了后台，老师可以坚定而和善地清楚表明孩子需要如何清理现场，照顾环境，此外，老师应该放手让孩子采取行动，无需在旁边帮忙和叮嘱。只要孩子明确自己要承担的责任并且无外力帮助，他们会试着在保持自尊的情况下去改变行为，逐渐独立。

在某种程度上，控制型和娇纵型的家长是在"教导"孩子不负责任，因为这种方式本身就是放弃教养责任的。无论是冲口而出的责难和羞辱，还是随性而为的纵容，都只会造成一种不健康的相互依赖，而家长没有真正负责任有意识与孩子相互合作，并帮助孩子依靠自己。

正面管教，要在平时的教养中建立起来，最重要的就是增加孩子对其日常生活事务的参与感，通过合作而共同制定规则，让孩子觉得所作所为是和自己相关的，并且自己有能力对此发生影响产生贡献，承担责任也享受权利，那么孩子会逐步自觉地建立健康的自律性、自信心和积极性。

举几个我将"正面管教"的方式用在日常生活中的例子。

1.让闹钟叫你起床

很多时候，共同制定的规矩，在执行时，也需要建立缓冲地带。

孩子早上常会赖床，我决定不再每天提供"人工叫醒"服务，并且不在他磨蹭时，喋喋不休地用"品德"给他贴标签："你连早上按时起床的意志力都没有，以后能干什么大事？动作能不能快点？"

我跟孩子讲明早起是他自己的事情，和他商议以后不再亲自管他起床的事情，而是跟他一起去挑一个他喜欢的闹钟，设定好闹铃以及反复闹醒间隔，让闹钟叫醒孩子。从此，早上闹钟响了，我都不再干涉，等他自己起来。有时看他挣扎不愿起来，最多提醒一句："你的闹钟响喽！"

闹钟，就是我和孩子使用的工具和缓冲物，我无需针对孩子的品行和他个人进行说教，只要提到"闹钟"就行，避免正面冲突。

2. 纸条的魔力

和孩子商量好的任务计划，为了避免唠叨又要督促其完成，我们在家里挂上可以贴纸条或写字的白板。定好的事，一件件写清楚，完成了就划去或是在旁边画朵小花和太阳以示成就感。孩子好像特别喜欢这样，我们大人也把该做的事情或是家庭活动安排都写上，大家齐心协力，和乐融融。

3. 尊重孩子，也要尊重自己

这是《正面管教》书中的例子，我常照搬在生活工作中，就将原文引用于此吧。

> 假设孩子跟你顶嘴。
>
> "和善而坚定"的一种处理方式是你走开，到另一间屋里去。
>
> 哈，我都能听见反驳我的声音，"那不就等于放过他啦？"
>
> 我们来仔细分析一下。你虽然不能迫使别人以尊敬的态度对待你，但你可以自己以尊重的态度对待你自己。走开就是你以尊重的态度对待你自己；而且，这样做也给孩子树立了一个最好的榜样。你总可以在稍后再找孩子谈，这样每个人都有机会让情绪平静下来。心情好了，才能把事情做好。

尼尔森博士说，很多家长认为在生气时就要解决问题。其实，生气是最不适合解决问题的时候。因为那时，人们接通的是只会较劲的"原始脑"，而我们不可能用"原始脑"做出理性的思考，只会说些过后就后悔的话。在处理一个问题之前，先让自己冷静下来，直到能够用理性大脑来思考时再解决问题才有意义。这也是我们应该教给孩子的一项重要技能。有时候，家长决定你要做什么，要比试图让孩子去做什么好得多——至少在孩子愿意合作而不再和你较劲之前是如此。

父母表达爱心和树立权威并不矛盾，学着用正面引导的方式，和善与坚定并行，才是让孩子健康成长的最佳选择。

生老二一定要跟老大商量？

家中添丁，父母若希望孩子能够快乐地迎接弟弟或妹妹出生，并建立起与之和睦相处的良好互动模式，那么一定要与大的孩子，共同做好现实和心理的准备。

不少父母觉得，生老二得跟老大商量。其实这是个误区，常会适得其反。

"想不想要个弟弟或妹妹啊？"

"爸爸妈妈很爱你，想给你添个伴，生个弟弟或妹妹陪你玩，好不好？"

如果孩子立马回你一句："不好！我不想要弟弟妹妹！"气氛就僵了，想要破冰的交流成本就变大了。

其实，要发扬家庭民主，并非要事事用疑问句寻求建议和征得同意，用肯定的陈述句告知也是一种良性正面的交流。

不是所有的事情，都需要孩子的决定和认同。当孩子的选择起不了作用也改变不了现状时，采用肯定句通知，是表示尊重的最好做法。跟孩子讲事情之前，应先思索这件事是否可以被选择，如果不可以，避免用疑问句式，而选择陈述句。

决定生老二，是做父母的选择，不需要大孩子批准，只要引导孩子配合并接纳就行了。所以，父母可以直接明了地向孩子宣布："妈妈会再生一个宝宝了，你将有自己的弟弟或妹妹。"

之后，再根据孩子的具体反应，具体应对。孩子如果有问题就回答，有失落就解释，有难过就关心。见招拆招，简单易行。

像前面那样去问孩子要不要弟弟或妹妹，其答案可以是不，父母听了再去劝说孩子接受生弟弟妹妹的现实，孩子会觉得自己的要求被漠视，反而是一种对孩子的不尊重，既浪费时间，也破坏心情。

说到这里，就要带出第二个误区了。一些家长在告知孩子要生老二后，见其反应是兴高采烈或平静接受，就放心了。他们只担心抗拒弟妹出生的孩子，认为他们在之后与弟弟妹妹的相处中会有更多矛盾。

其实不然。

资料显示，之后相处麻烦和嫉妒弟妹的，相对更多的反倒是先前欣然接受弟妹来临的孩子们。

因为这些孩子之前对弟妹的欢迎，更多源于对弟妹的某种期待，而这些期望值常和现实不符，往往会造成孩子在弟妹出生后产生巨大的心理落差，出现问题。比如，孩子听说有了个弟弟，幻想的是有个玩伴。谁知生出个不能跑不能跳整天躺在床上的瞌睡虫，不能陪自己玩不说，连爸爸妈妈也没时间陪自己了，心思全在这个"讨厌鬼"身上。由此，孩子会失望和心里不平衡，甚至会欺负弟妹，制造麻烦。

并不是说抗拒弟妹降临的孩子就没有以上问题，而是因为其表现出不欢迎，父母会对孩子有更多的解释说明，孩子对弟妹婴儿时期的状态会有多一些的了解，他的预期会与现实状况更接近一些，对弟妹的接纳就算出现问题，也相对和缓些。

多子女养育的研究，会专门讨论 4 岁以内的孩子在有了弟妹后出现的"行为倒退"。这是指一些孩子仿效新生婴儿的行为来吸引父母的关注。

比如，两岁半的 Linda 觉得妈妈大部分时间都抱弟弟，不像以前那么注意自己了，心里很不是滋味。她发现只要弟弟一哭，妈妈就会跑过去；弟弟拉臭臭，妈妈就会殷勤地为他换尿布。于是，Linda 也开始大哭，并且乱拉臭臭，模仿婴儿般的行为，希望妈妈再重视自己，而妈妈被搞得焦头烂额。

所以家长不要忘了，在母亲怀孕生子的这个阶段，无论孩子对弟妹欢迎与否，都要仔细跟老大交流，让他们明白弟妹出生意味着什么。可以这样跟孩子讲解："弟弟出生后，会很小，他们整天大部分时间都在睡觉，会哭闹，需要很多照顾才能慢慢长大。他长大了，才能真正和你做伴玩耍，你要有耐心哦。"也要告诉孩子："有了弟弟，妈妈得花不少时间照顾他，没有那么多时间陪你玩。如果你觉得受到冷落，记得来告诉我。"

这类交流，可以增加孩子对现实的预期，避免落差导致的麻烦。

等到弟弟妹妹真正出生之后，父母一定要理解和正视老大的嫉妒和失衡。

有的老大完全没有嫉妒，这是很好的；但吃醋和失落的哥哥姐姐是毕竟占大多数，一定要处理和安抚好。

美国著名的儿童心理学家吉诺特博士在其著作《孩子，把你的手给我》里，提醒父母一定要了解，对于一个小孩子来说，第二个婴儿的诞生是他最重大的危机，他的生活轨道突然改变，需要有人帮助他定位和导航。家长需要理解孩子真正的情绪才能帮助他们。

如果孩子说："妈妈，你不喜欢我了，你更喜欢妹妹。"

家长不要只回答"你不要那样想，我爱你们两个"，或"不对，那样想完全没有必要"。

这样做，并没有真正了解孩子的情绪，也没有告诉孩子应该怎么解读和思考，孩子听了会依然困惑，觉得受到冷落。

最好的做法，是接纳孩子的想法，倾听孩子有如此疑问的背景原因，然后逐一解释交流。

家长可以这么说："你觉得妈妈更喜欢妹妹，为什么呢？"

"因为你整天只抱妹妹，陪着她睡觉，很少陪我。"

"宝贝，真抱歉让你有这种感觉。但是，你一定要相信，妈妈爱你和妹妹是一样的，只是妹妹现在太小了，妈妈不得不照顾她，时间分配上就和以前不同了。你来告诉我你的感觉，非常好，来和妈妈亲亲。"

这个故事以孩子和妈妈亲吻拥抱结束。

只要孩子感觉到了关注，并且化解了心中的疑惑，孩子其实是最讲理和最大度的。

有一回，我去探望才生了二胎不久的同事，她新生两个月大的儿子又胖又可爱，我抱了一会儿他就香香地睡去了。

我和同事在客厅说话，她3岁的女儿Lynn时不时过来拿块饼干吃。突然，我们听到弟弟惨烈的哭声，冲到卧室，见Lynn拿着半块饼干从里面出来。

"弟弟怎么哭了？"我同事着急地问，抱起儿子哄着，在他身上查看有没有问题。

"我怎么知道他为什么哭，他不是成天都哭吗？"Lynn回答，但是眼神很慌乱。

"你刚在这里干什么？"

"我想喂弟弟吃饼干，但他好笨，根本不会吃。"

"啊！你咬弟弟的手了？你为什么要咬弟弟？"同事发现儿子手上新鲜明显的牙印，边给我看了，边狠狠地质问女儿。

"我没有咬弟弟！"Lynn愤怒地拒不承认。

虽然不知道原因，但完全可以确定弟弟的手肯定是Lynn刚才咬伤的。整栋房子里只有我们三个人，我和同事在另一房间，只有Lynn在"事发现场"。再说了，留在弟弟手上的牙印小小的，一看就是小孩子的，不可能是大人的。

"你为什么不承认？除了你还有谁，这就是你的牙印！"妈妈的火起来了。

"不是我，就不是我！"Lynn 哭着跑走了。

Lynn 妈处理了儿子的咬伤之处，哄儿子睡了。她对着我摇摇头，一副无奈疲惫的样子。

我劝 Lynn 妈先消消气，不要去责骂女儿，也无需追究 Lynn 是否咬了弟弟，反正这已经是既成事实，应该关心下 Lynn 的情绪。

Lynn 妈平复了一些后，去女儿房间，用另外一种方式和 Lynn 交流。

"Lynn，我看得出来，你很生气，也很伤心。"Lynn 妈不再去审问孩子，评判对错，而是先去接纳孩子的情绪。

"是的，我非常生气！"Lynn 的脸上挂着泪，气鼓鼓的。

"妈妈刚才很着急，冲着你大叫大嚷，对不起。"

"你总是对我很凶，对弟弟很好！他明明就是个什么都不会的笨蛋。妈妈，你说弟弟会不会是傻子？他连饼干都不会吃。"Lynn 依然愤愤不平，但已经开始说出自己的想法了，即便有些不友好。

"我知道，弟弟常睡觉，爱哭闹，啥都做不了。不过小宝宝都是这样的，你像弟弟这么大的时候，也是这样。那时，每次看到你睡得香甜的小脸，妈妈都忍不住要亲亲。弟弟不是傻子，只是他现在还吃不了饼干而已。但他也会慢慢长大，像你一样会跑会跳，能说会道。"

"我什么时候开始吃饼干的？"

"大概是你 1 岁之后吧。不过你不是吃饼干，而是舔饼干。"

Lynn 听到自己的事情，哈哈笑了起来，随即说："妈妈，告诉你个秘密。刚才弟弟连舔饼干都不会，我试了几次他都没张嘴，我觉得他太笨了，就咬了他一口。他张嘴了，但是我还没来得及喂饼干，你就来了。"

Lynn 妈："原来是这样。你想和弟弟分享饼干很好，但是别心急，以后他会吃的。你要是想喂弟弟吃喝东西，先来告诉妈妈，跟妈妈商量，咱们俩可以一起喂，好吗？不过，弟弟不是用来伤害的，不能再咬他。"

Lynn："我知道，妈妈。刚才弟弟哭了，我也吓了一跳，想去找你。可是你对我那么凶，我怕你惩罚我，就不敢承认了。"

很多时候，父母错误地认为必须"分析案情"，戳破孩子的"谎言"才能让孩子接受教训。其实，要让孩子跟弟妹和睦相处，最好的方式就是不要说教，让孩子打开心扉。给予孩子公开表达感受、倾诉苦恼和困扰的机会，并试着去理解接纳，才能防止他们因为弟妹而闷闷不乐或是背地里做些"小动作"。如此才利于建立家庭和兄弟姐妹间的纽带。

有界限的分享

作为父母，都希望孩子之间能和睦共处，但现实和愿望的差距往往是巨大的。

见孩子们争玩具闹得不可开交，很多父母都纳闷：那么多玩具可以玩，哥哥为什么非要抢弟弟手里的那个？

如何化解这一冲突呢？下面这些方式，家长们估计都尝试过。

转移注意：拿起另一个玩具，吸引弟弟去玩。

分配时间：告诉孩子们不要争了，裁定哥哥玩 10 分钟，然后弟弟再玩 10 分钟。

分享相让：劝令哥哥让弟弟，再加持一些品德性的帽子给哥哥，如"要大方，要懂得分享"等。

其实，以上做法都欠妥，属于治标不治本，就算一时缓和了争抢，但下一轮争抢很快就会卷土重来。家长们就在处理孩子的争抢吵闹中，忙得焦头烂额，被这些纷争绊住手脚、消耗时间，无法解放自己。

具体分析上面三种做法的弊端。

转移注意，在短时间内有可能会达到目的，弟弟的确开始玩新给的玩具了，但可能哥哥察觉后，会立马丢下手里的玩具，开始争抢弟弟手里的新玩具。相同的问题再次重演，循环反复。

分配时间或是由大人临时定规矩的办法，是最容易引发延续问题的。父母想当然地充当裁判，自以为公平，但并没有考虑孩子的自我意愿和决定权，是个强制的指令。研究发现，孩子在这种情况下，不会感受到公平，只有没有得到满足的"情绪记忆"。先玩 10 分钟的哥哥，记得的是"我还没玩够，就被妈妈拿去给了弟弟"；而后玩 10 分钟的弟弟会觉得玩具被妈妈夺走了，感觉等待的时间很漫长。所以看似平均分配，孩子们却都觉得受了委屈。还有一个大忌，就是规矩没有提前定好，而是"临场"视情况而定，孩子们没有消化的时间，会感到困惑，故而孩子不会特别遵从这类规则，会觉得受到剥夺和侵犯。

分享相让，也是大人用孩子并不明白的品德标签，强制做决定的办法。规则不明，界限模糊，而且所谓的"大方"和"分享"这种要求，过于空洞，孩子很难实施，在现实中常常无效。

不少大人喜欢用"孔融让梨"的故事，鼓励孩子待人接物时要自觉地将玩具或是零食，大方分享给其他人，教孩子"让妹妹吃"、"让做客的小朋友玩"，告诉孩子这才是好孩子。如果孩子听从了这种所谓的"礼让"，很可能就会遇到现实中的打击：有人并不跟自己分享相让！

这时，孩子会感到矛盾困惑，不知如何是好。因为父母教自己分享时，并未告诉原因和规则，孩子不懂如何跟"不分享"的兄弟姐妹或小伙伴协商，争取所得。很多时候，孩子还会简单地认为，他不让我，就不是好孩子，我也不和他玩了。这种随意贴标签的方式，除了影响家庭或与朋友和睦的感情外，更会令孩子习惯埋怨，有很不健康的"受害者"心理。

最好的方式，是孩子一定要在自我界限的树立和意识中，去与人分享和

相处。

孩子们来到这个世界，最重要的就是在跟人与外界的相处互动中，清楚界限。这种界限感的分类定位，要一点点培养。父母需要在事前明确制定规矩，划清范围，也要列出奖惩标准。

还是用争抢玩具的例子。

在确立界限和归属范围时，可以分成几类：共享的玩具、哥哥自己的玩具、弟弟自己的玩具。

告诉孩子们，有些玩具不特定属于谁，买来就是为了孩子们一起玩的。哥哥和弟弟都可以拿取来玩，小朋友来家做客，公共区域的玩具，也是可以分享的。如果要争抢公共玩具，则自己谈判协商，建议在自己特属的玩具中挑一件交换。

个体特属的玩具，各自照顾好，如果哥哥想玩弟弟的，一定要征求弟弟的同意，否则不能随便取来玩；弟弟也要这样。

有小朋友来家做客，提前跟孩子们商量，哪些玩具是孩子愿意跟小伙伴分享的，拿出来放在"玩具分享区"，而孩子不愿给别人玩的，绝对尊重。如果有人抢孩子的玩具，孩子可以非常有条理地捍卫自己所属："这是我的，不能给你玩。你不想给我玩的，我也不会勉强你。你看，那个盒子里的都是我们可以一起玩的，你可以随便拿出来玩。"

如此一来，孩子们会树立"自我"、"他人"和"共享"的观念，这才是界限。有了界限才会有分寸，懂得尊重自己，体谅他人。有据可循的界限感，是安全感的基石。

孩子在 4~8 岁间，是建立对分类和界限感的认知最重要的时期。在这个阶段，引导孩子对"界限"建立认知非常重要。教育专家总结出一些 8 岁以内孩子不会懂的笑话，他们看不到其间的笑点，是因为孩子对类别和界限的观念模糊。

比如，给 5 岁的保罗准备披萨的妈妈问："你想让妈妈把这块披萨切成 8 牙还是 6 牙？"保罗回答:"切成 6 牙吧。你切成 8 牙的话就太多了，我吃不完。"

再举个我亲身遇到的事例。

一次我在阿姆斯特丹举办幼儿"平衡膳食和喜爱蔬菜"的教学互动活动，参加的孩子 5 岁左右。我知道有两个小朋友是专程从鹿特丹赶来的，想让其他来自阿姆斯特丹的孩子们表示下特别的欢迎。于是，我说:"今天有两个小朋友是鹿特丹人，请举手。"只有一个孩子举手，而另一个好奇地东张西望，没有举手的意思。

我问他:"你不是鹿特丹人吗？"

孩子笃定地向我摇摇头:"不，我不是鹿特丹人，我是荷兰人！"

在这个年龄段，不同的孩子对从属、分类等界限概念的认知大有区别，有的清楚些，有的模糊些。所以，家长要多观察孩子，尝试在这个阶段引导孩子在社交和理解身边状况时，对类别和界限有更多的认定。

在建立"界限感"的过程中，纷争和试探是无法避免的，家长要正视孩子们之间的矛盾。

很多家长特别害怕孩子争执，一看到有纷争就去当"和事佬"，希望一切立即终止，孩子们能和好如初。

在欧美教育专家看来，要给兄弟姐妹纷争的空间，让其抒发表达观点和矛盾碰撞，这样才能确保真正的相亲相爱和整个家庭的和睦。

任何小孩子的成长都是在矛盾中找到自我，在冲突中确定界限，在压力中争取，在分歧中学会应对和解决问题的。而一个"老好人"型的听话乖小孩，反而是有问题的，没有自我的个性，没有见解，不敢争取，长大后很可能是个无聊且生活无趣的人。

所以，在面对孩子的纷争时，父母切忌干预太多，不要去做是非的仲裁者，而是当旁观者，引导孩子们自己解决处理纷争。

我的一对侄儿侄女，小时候常争东西。姐姐 Sara 6 岁，弟弟 Sem 5 岁时，两人争抢电视频道，一个想看这个台的动画片，另一个想看其他台。他们的妈妈当时采用了"分配法"，对姐姐说，今天让弟弟看，明天弟弟让姐姐看。

弟弟满意了，姐姐却哭闹不止，大叫不公平，不断去干扰弟弟看电视。不难想象，第二天姐姐看电视，弟弟也会因为看不到自己想看的节目去打断姐姐，而不会记得自己前一天已经看过了电视。

这时爸爸下班回家了，了解情况后，二话不说，拿起遥控器就把电视关了。他对孩子们说："在你们商量好之前，谁也不准看电视！现在你俩自己想解决方案吧，想好了来告诉我。"

姐弟俩被镇住了，乖乖地去想办法了。一会儿，姐姐过来对大家说，共识达成了，她看电视，而弟弟玩玩具。在姐姐津津有味看电视时，我们去看弟弟，只见他在姐姐房间里，兴致勃勃地玩着一个组合玩具。这个玩具以前姐姐不让他玩，今天姐姐出让玩具，让弟弟选看电视还是玩玩具，弟弟选了后者。他抬眼对我们说："其实，我也没有那么想看电视。这个才好玩！"

孩子对自己参与处理的状况，才会心服口服，遵守约定；这种参与也训练了他们了解自己、寻找谈判砝码的能力；最终，纷争得以化解，孩子心里更不会留下情绪的阴影。

孩子如果更小些，不知该怎样通过协商解决纷争时，基于"丛林法则"的自然竞争也是有效的。比如，谁手脚快先抢到或谁凭体能争取而来，就作数。家长不要对此反感，觉得这是鼓励争抢。其实，现实中的竞争，有一类就是以强胜弱的丛林法则，认识到自己的弱点和不足，争取成功或接受失败，都是自我认知的重要环节。这也是所有人本能的竞争力的体现，不用去刻意阻止。当然，家长要避免以强凌弱，跟孩子说好不能相互伤害，注意观察他们出手的轻重，适时提醒。

很多人会说，用"丛林法则"，肯定永远是大的强的占便宜，小的弱的吃亏。

这还真不见得。

就说 Sara 和 Sem 两姐弟，姐姐只比弟弟大一岁，却高出弟弟一个头，身体也比弟弟强壮。两人有时抢东西，姐姐一拎弟弟脖子，Sem 就被提到后面去了，完全没有反抗之力。

弟弟很快就意识到自己体力不如姐姐，于是开始发展自己的"技能"来应对。比如，跟姐姐硬碰硬不行，他就发明了一招"手脚乱挥舞动法"。他会快速认定他想要的，速战速决拿到手里，为了避免姐姐伸手拉住他抢回去，他就一通手脚乱舞，姐姐无从下手只得作罢。姐姐也知道，弟弟身子小，灵活敏捷，在外面玩，穿栅栏，翻篱笆，都比自己快，也会寻求弟弟的合作。

所以，丛林法则，也是一种让孩子自己去认识强弱项，找到相处界限和协同方式的好办法。

总之，家长需要放手来让孩子寻找并建立自己的界限感，无论是在分享中，还是在纷争中。对界限把握得越好的孩子，在以后的生活中也越会选择、交流和规划，幸福感和自我认同也更强。

别因为公平，忽略了公正

与中国家庭挂在嘴边的"相亲相爱"不同，欧美一直把"同胞竞争"（sibling rivalry）当作多子女教养的重要研究课题。对此，中西方想要达到的目的，是完全一致的，都是希望一个家庭的孩子们之间和睦互爱，自由成长。只是中国人更强调结果，而西方更注重问题的看待和解决。在欧美教育专家看来，只有处理好兄弟姐妹间的纷争，才能真正确保整个家庭的和睦。

同胞竞争，是指兄弟姐妹之间产生的嫉妒、竞争、争斗或恩怨。

同胞竞争，除了孩子之间本身会自然产生的比较之外，很大程度上是由父母的态度和做法造成的。

很多中国家庭不愿承认和面对子女间出现的矛盾和对峙的状态，一味地回避或掩盖问题，父母在中间当"和事佬"，最后造成的是彼此之间更严重的疏离。

孩童时代没有解决好的同胞竞争苦果，对成年后的生活影响深远。其严重性超过大多数父母所能意识到的程度。它可能会对人格造成永久的伤害，也可能成为一生中麻烦不断的主题。去正视它，走出对此的误区，才有正常的孩子，温暖的家庭。

别因为公平，忽略了公正

家长最容易走入的误区，是怕孩子抱怨偏心，从而努力让孩子相信父母公平地爱他们每一个。这些父母小心翼翼地避免任何能引起孩子间妒忌的由头，刻意地防止区别对待。礼物、奖惩、假期和零食的给予，都经过计算，平等公正地发给每个孩子。

这种做法却无法阻止嫉妒和竞争的产生。家长精打细算着情感或物质的付出，费神耗力，孩子却并不买账，有时其效果甚至适得其反，孩子依然会"鸡蛋里挑骨头"，嚷着"不公平"。

没有什么事情，比慎重的公平更弄巧成拙了。

公平和公正，不是一回事。

如果你给三个高矮各异的孩子，搬来三张同样的小板凳在桌前吃饭，这叫公平。

如果你同样搬来了三张板凳，但考虑了孩子们的身高，给高个子坐矮板凳，小个子坐高的，使三个孩子都能以自己适宜的高度在餐桌前用餐，这叫公正。

一视同仁，不是相同对待，而是针对孩子的个性和特点，有的放矢。孩子并不渴望平等地分享父母的爱，他们需要被爱得唯一，而不是均一。

所以，父母无需为了公平，把关爱定量配给或者批量分发。孩子渴望得到的，是那份属于自己、独一无二的完整的爱。弟弟喜欢户外奔跑，就以他想要的方式共处；姐姐喜欢安静画画，就在她身边欣赏陪伴。没有必要弟弟出门了半小时，姐姐也要如此。

当孩子感受到父母得体的关注，恰当的给予，拥有来自父母对自己唯一的珍视时，就会安心，也会对同胞有爱，并且坚强自信地成长。

不清晰的标准

无可否认，很多时候父母的确会特别偏爱某个孩子。可能是因为某个孩子体弱而溺爱扶持，也可能是因为某个孩子的天赋超群而关爱有加。这是最容易引起孩子间嫉妒和造成心理阴影的情况。

如果一个孩子因为性别、长相、智力、才艺，或者社交能力而得到特别重视和赞扬，妒忌就会产生，也会导致孩子之间无休止的竞争。

这种偏爱，和上文中提到的"公平和公正"情况不同。它常常是产生于漠视个性的双重标准下，父母会给某个孩子过多的特权。比如，姐姐要干家务，而弟弟不用，因为弟弟功课差要专心学习。妹妹想吃哥哥手里的糖果，妈妈立马要哥哥让妹妹吃，因为她年纪小。这些标准混淆的决定，会非常伤害孩子，使其笼罩在委屈埋怨的郁郁不乐中；有的还会找到机会报复拥有特权的孩子。

我认识一对姐妹花，姐姐漂亮成绩好，妹妹活泼爱运动。父母对待女儿们的态度标准，整个一团浆糊。比如，成绩平平的妹妹，常会被指责分数不如姐姐；妹妹好动，又被说成没有姐姐文静，不像个女孩子，弄得妹妹成天活在姐姐的阴影中。看似父母偏向姐姐，其实又不尽然。妹妹的成绩不好，小学升初中、初中升高中都要交钱读书，大学没考上，就送她出国了。而且常常因为小女儿偶尔考好了成绩，就表扬庆祝，全家出去吃饭。可是，大女儿想买些生活日用品、衣服或是旅游，父母全都拒绝，因为钱都花在小女儿身上了。后来大女儿出国和结婚，父母也不拿钱出来，说是大女儿能干，可以自己搞定一切，得给不能干的小女儿攒钱。

看得出来，父母绝对是对两个女儿都爱。但是这种方式，让大小女儿都觉得愤愤不平。长大成人的小女儿在国外几乎不回家，姐姐结婚也拒绝出席，她说父母偏心，自己一辈子生活在与姐姐的比较中，不堪回首，不愿见面和联系。而姐姐更是一肚子心酸委屈，也说父母偏心，凭什么自己成绩好肯努力，就要牺牲更多，辛苦拼搏，而妹妹又可以玩又可以不学习，最后父母还出钱出力地帮妹妹走捷径。已经年迈的父母，左右为难，苦闷无比。

这就是没有处理好的"同胞竞争"。父母亲不能任意滥爱，要建立些统一公平的家庭规则。比如，那对姐妹花中的妹妹，父母没必要无视她的个性，一味拿她不擅长的成绩跟姐姐比较。对姐姐，父母不能在金钱上全给妹妹，应该给姐姐留出相应的份额，比如，1万元钱，姐妹俩各5000，就算妹妹升学有急用，可以先挪借一下，之后也应给大女儿存补上。

父母与孩子的分别独处

一个多子女家庭的父母，有时会特别强调作为一个整体的家庭集体活动，却无意中忽略了个体的分享。

随着孩子的年龄增长，其必性格各异，各有所好，如果每次出门必须一大家人同行，家庭活动一成不变，兄弟姐妹要无谓地相互适应，必然会增加很多不必要的摩擦和纷争。

对孩子应该强调注重其个体性，不提倡对不同年龄的孩子一视同仁。相反，随着孩子年龄的增长，应该享有新的权利和新的责任。年纪大一点的孩子比起年纪小一点的孩子，自然应该有多一点的零花钱，晚一点的就寝时间，以及更多的自由，可以出去和朋友一起玩。这些权利要公开地、得体地给予，这样，年纪小的孩子会懂得成长伴随着自主和权利，也会渴望长大。

随着孩子的个性发展和自我成长，父母应该与不同的孩子有独处的时间。比如，母女或母子单独相处，父子或父女一起出行。这种分别独处很重要，可以增进家长与子女之间的了解和情感，是属于孩子和父母的私密时光。爱的重点是优质和独特，而不是平等均衡。

相互扶持，别勉强

不少家长希望兄弟姐妹间能相互扶持，甚至有的父母生老二就是为了让体弱多病的老大有个伴，让小的照顾大的。

这是"同胞竞争"中会导致的最大争斗和阴影之一。

生养教育孩子，应该是父母的选择和责任，不应该让兄弟姐妹负担。同胞的关系应该是互有独立性地共同成长，而不是充当彼此的保姆。

很多长大成人的同胞间水火不容的案例，都有一个在父母的要求下，不得不牺牲放弃的童年。

姐姐被要求帮助父母照顾残疾的弟弟，不能和自己的同学出去玩，所有的出行假期都要按照弟弟的方式来。一个孩子的残缺，要牺牲另一个孩子的人生来成全，很不公平，这不该被认为是理所应当的。这是家人间的剥夺，不是支持。

同胞竞争，只要处理得当，家庭和亲情会非常温暖和谐。父母不要用同一种方式爱所有的孩子，要看到和尊重每个孩子的特点，给予他们独特唯一的爱，这样孩子们才能放松自由、舒适快乐地成长。

第三章

太想赢，你就输了

奉行"别让孩子输在起跑线上"的父母，已经输在了起跑线上

你对孩子的赞美有效吗？

尊重孩子的隐私，关乎信任和承诺

定个时间点，接纳孩子的缺点为特点

……

奉行"别让孩子输在起跑线上"的父母，已经输在了起跑线上

其实，我完全理解"别让孩子输在起跑线上"是什么意思。父母们都想通过自己力所能及的方式多给孩子一些准备，一些助力，让他们在这个复杂多变的世界具备更强的竞争力。但是，看着很多家长的做法，我又特别担心他们"推娃"进入了误区，最终事与愿违。

横向 vs 纵向

如果定一条看不见的起跑线，必定是家长在自己的认知范围内对孩子的期许，可能还会有一些所谓的榜样或假想敌为参照物，不自觉地将自家孩子与其作比较。起跑线是一种与他人的横向性比较，这个标准的设定，多以家长的主观意愿为准，现实和梦想往往容易偏移。

会不会由于父母的局限和眼界，低估或限制了孩子的突破性和创新力呢？比如，一个孩子可能更适合成为一个主持人，而身为知识分子的父母却

想当然地要把他打造成科学家。或者，会不会父母将眼光只放在万人瞩目的强人和精英身上，没有脚踏实地地认真分析审视孩子自身的素质，把孩子推向遥不可及的目标，让其永远活在"不可能完成之使命"的压力和阴影下。

显而易见，横向对比的坏处，就是给自己强加了"错误"的靶子。个人成长，是一个发展过程，应该根据孩子自身的阶段性和设立的目标，进行纵向比较和分析，这样才能让其增强自我认知、明确定位，并在对自己能力的正确评估中，反观自省、建立自信，达到自强独立。

不可否认，我们生活中随处可见比较。比较，也是我们认识和了解事物的必要技能，但是比较的参照和准则得切实可行。

有一句名言说，如果你以爬树能力来评判一条鱼，它将一辈子认为自己是个笨蛋。同样，在对孩子的教育上，如果你用错误的标准，定一条荒谬的起跑线，从一开始，就注定将会输得离谱。

起点 vs 过程

对孩子的教育，不该过于看重起点而该侧重过程。

我很喜欢动物世界里，一个讲述小企鹅 Ben 成长的故事。

小企鹅 Ben 生来就有些先天不足，身形比其他新生企鹅小了不少。柔弱的它，在企鹅迁徙的过程中常掉队，就连自己的妈妈也会不小心漏掉它。南极的严寒天气，小企鹅们还无法抵御寒冷，需要躲在妈妈的臂膀下取暖才能存活。和妈妈走散的 Ben 被风雪吹得东倒西歪，走到其他企鹅妈妈处借暖，会被赶走，因为妈妈只能保护自己的孩子。Ben 为了生存，常趁人不备，在陌生的企鹅群中暂时取暖，直到被发觉而被驱赶，再去寻找下一个避难所。

如此不断尝试生存的可能，Ben 创造了奇迹，很多有父母庇护且身形比它健硕的小企鹅都在严寒中死去了，但它活了下来并且找到了妈妈。开春了，冰河化冻，小企鹅们的"成人礼"就是奋力跳入冰河游泳，和自己的父母分别，开始自己的生活并组建家庭。Ben 依然比大多数同龄的企鹅矮了一头，但是比起它们推推搡搡不敢跳入冰河的窘态，Ben 明显多了几分坚定和自信，它和妈妈道别，走到最前面，毅然跳入冰河，居然后来居上，成为第一个完成"成人礼"的企鹅。

很多孩子，就像那只叫 Ben 的企鹅，虽然一开始并不如人，但是在成长的路途中一路应付危机，承担挫折，在不断的跌倒爬起、自我纠错中认清了自己，建立了自信。而起初被保护得太好，处处顺境的，可能太过依赖，反而无法自己面对困难，解决问题。

正如很多人说的，人生是一场马拉松。起点的优势，并不能代替行进过程中的规划和奋斗。别忘了，龟兔赛跑，输的是占尽先机的兔子。

利益 vs 价值

如果仅是将自己的人生定位在他人的成功上，未免显得过于表面化和标签化。他人的模式，不见得适合自己。一个人的成长，最重要的是找到属于自己的核心竞争力，这需要在现实漫长的旅途中打磨和发掘，更要不断依据实际状况纠偏和调整。

将某条基线作为起跑点，或是想去成为某个榜样性人物，反而容易一叶障目，过于在意单一化的利益，而忽略了深层次的价值。过于利益化，不免短视，可能捡了芝麻丢了西瓜；而耐心实现自己的价值，却需要长期的努力。

人生，最怕给自己设限。在框架中，总会滋长惰性，无法以开放的心态去学习和思考。生活不是考卷，没有唯一答案，而是要寻求多方位的角度，去体己察人知社会。

很多时候，在学习时，我们过分聚焦成绩；在工作时，我们过分在意金钱。对这些利益的执着，让我们忽略了人生中沿途的风景，跋涉中停停走走的乐趣。

我们常羡慕和称赞某某可以跨界取得成就，但要想如此，恰恰就是不能专注于某个利益点，而要把格局打开，多仰望星空，关心外部世界，不计回报地做一些看似无用的事，即，不见得会在短期内带来直接经济收益的事。这可能是你看似和主业或学习无关的爱好，也可能是参加一次跨圈子的社交活动等。

我有个华裔的老师，夫妻俩都是高级知识分子，可独生子总是成绩平平。这让望子成龙的父母很是焦急，担心孩子找好工作无望。他们的儿子是个很有社会责任感，喜欢分享爱心的人，一有时间就去做公益志愿活动。父母起初觉得孩子这样太浪费时间，对提高学习无益，更希望孩子利用假期补习功课；后来劝不住，也就管得松一些了。这孩子关注国际问题，参与的社会公益多，几大 NGO 和联合国的事务都做过，社交圈很广，积累了重要的人脉和游说力。要知道，混公益慈善业的不乏富商和极具国际影响力的大腕儿。结果，这孩子最终成为一个著名基金会在荷兰的头号代表，与荷兰和欧洲几国的水利部合作，为开发良好的水资源而努力。被委以重任的他，调度着数十亿资金，接触的都是各国商业领袖和政要，生活圈和影响力远远超出他父母当年希望他找个高级白领工作的预想。关键是，他做着自己喜爱并有存在感的事情，生活得愉快而厚重。

当然，这只是个案。不过我想说的是，大家不要以想当然的利益和常规思维去规划人生，使人生失去了另一种可能性。

中国有句古话，无心插柳柳成荫。其实，无心之事，也是一种对生活和未来的准备和态度。当你经历了丰富的人生，拥有了全面的素质和情趣，除了自己更快乐外，也能成就多维的自己。

很多时候，我们中国人都不太快乐，孩子的压力也大。究其原因，就是因为过分追求成为人才了。

其实，人才是一时的，人生是一世的。成了人才，丢了人生，也是枉然。

所以，不用作茧自缚，给自己和孩子定个起跑线，还非要赢。有时，太想赢，你就输了。

你对孩子的赞美有效吗？

在我年幼时，刚有些西方教育的观点引入中国。听闻最多的，就是中国家长和老师不懂得表扬孩子。

好像的确如此。

我妈对我实行的教育原则一直是：优点不用夸，反正都摆在那儿了，缺点必须提，因为要督促你改正！

老师也吝啬赞扬，怕引起孩子的骄傲自满、恃才傲物。记得小学时，我连续考了几次 100 分，老师看不过，把一张明明是满分的考卷改成 99.5 分，对我说："降 0.5 是为了帮助你进步，否则你老得 100 分，没动力不加油学习怎么办？"

我妈深以为然，边在考卷上签字边叮咛："老师太好了，严格要求！你不要翘尾巴！"

我们就这么长大了。

但不知是西方教育的"赞美理念"已深入人心，还是"缺乏被肯定"的我们成为家长后，想把自己曾缺少的给孩子恶补回来，我发现如今大城市的很多中国家长，尤其是妈妈们，对孩子的褒奖肯定，比欧美的家长还夸张。

在中国，你随处可以听到妈妈们这般表扬孩子："宝贝，你是最棒的！""儿子，妈妈太为你骄傲了！""妈妈爱你，你是妈妈的命根子！"

不得不说，这种赞美方式，有点矫枉过正。

其实，欧美教育界和儿童心理行为研究的专家，于20世纪60年代中旬到80年代，特别注重去纠正的误区就是要求西方的家长和老师们，杜绝"空洞的溢美"，学会"有效的赞美"。

空洞的溢美，指的是判断性和评价性的赞扬。比如，"你是个好孩子"、"你真乖"、"你太争气了"、"你表现得真好"、"你是最有才华的"。

这类赞扬是无效甚至是反效的，需要避免。因为这种空洞而缺少定位的话，会给孩子产生以下几种不良影响：

1. 言之无物的赞扬会让孩子觉得敷衍，从而产生怀疑，质疑自己被称赞的品行，唤起防御和叛逆心理，甚至可能反其道而行之。

2. 孩子会产生焦虑、压力和紧张，不清楚笼统的评价中具体可称赞之处在哪里，从而不知道自己下次能否达到该水平，导致行为失当。

3. 助长孩子的依赖性和不安全感，总是刻意寻求外界和他人的认可。

4. 让孩子感觉被软性控制，担心是否家长要从赞扬中换取什么东西。

这对培养孩子自立、自我指导、自我控制的能力，以及不受外界看法影响的自我意识和品质，没有任何帮助。

美国著名的儿童心理学家海姆·吉诺特博士在其1965年出版的《孩子，把你的手给我》这本书里，专门提到"称赞，就像抗生素一样，不能随意用药，要有一定标准，包括时间和剂量。需要谨慎小心，否则会引起过敏反应"。

称赞并非都是令人愉悦的，言不达意或夸大其词，依然会引人不快。

有效的赞美，是指对孩子的努力和成就具体的描述性赞扬，而非对品性和人格的笼统性溢美。比如，"今天你洗的碗特别干净，我见你把油渍的地方仔细清洗了两遍。谢谢你！""你给我画的贺卡，颜色搭配和谐，还特别画了只可爱的小猫，我很喜欢。"

在称赞时，使用明确详尽的描述性语句，需要家长的细致观察和努力才能做到。孩子从中受益，远比对其品格的笼统定性溢美，如"你最棒，我爱你"，要有效得多。

描述性的赞美，言之有物，可以让孩子从中找到具体的定位，对自己得到称赞的细则做出结论，事后容易重申和重复这些言行，能使他们对自己及周围的世界抱有理性、正面和积极的认识。

有一次在飞机上，我就看到有位妈妈，用华丽的溢美之词哄她大约两三岁的女儿吃下几块水果。

"宝宝，来吃一块！你是最听话的！"

女儿咬了一口水果，随即吐了出来："好酸，我不要吃！"

"吃了水果才健康，你是妈妈的乖女儿！"

女儿不作回应，扭头玩拿在手里的玩具。

"来，吃一口，你是妈妈的小天使，我知道你一定能行的！"

孩子最后没有吃水果，还把盛水果的小饭盒扬手打翻。妈妈嘴上说着生气了，但把东西收拾好之后，也没怎么样。

我感觉这位妈妈和孩子的交流完全不在一个频道上。妈妈的夸奖和实际指令毫无联系，而女儿说水果酸，妈妈也不回应，用刻意的称赞作为交换，希望孩子吃水果。

这属于无效赞扬，让孩子反感，也没有达到目的。

如果只是想让孩子吃水果，直接表明反而效果更好。孩子若不吃，可以约定过一会儿再说，或是干脆尊重孩子的意愿，越逼着吃，孩子的逆反心越重。

赞扬的本质，是帮助孩子建立自信自尊，拥有真实的自我认知和正面的自我形象。教育的所有理念和技巧，不外乎是在帮助孩子成为并认为自己是个有价值的人。我们对孩子的感受表示尊重，给他们机会做选择或解决问题，都是为了让孩子在这个过程中一点点认识和评价自己。

无效赞扬	有效赞扬
儿子，整个篮球场就你的球打得最棒！	刚才两个 3 分球的时机你把握得很好，投球又准。你为球队拿到了关键的 6 分。
这首诗写得太好了，你简直就是个伟大的诗人！	你这句写得很细腻，一下子就把人的感情抓住了，而且和后面那句有个对比，推进了层次。
你真体贴！	在我生病时，给我倒来热水还督促我吃药，你让我觉得很温暖。谢谢你！

上文提到的海姆·吉诺特博士有两个爱徒，阿黛尔·法伯和伊莱恩·玛兹丽施。她俩都是鼎鼎大名的亲子沟通专家，所著《如何说，孩子才会听；怎么听，孩子才肯说》是 30 年来美国乃至全球家教类图书累计销量第一名。她们将"有效赞美"总结成**一个宗旨，三个技巧**。

一个宗旨：用描述性语言代替评论性措辞。

三个技巧：

1. 描述你所看见的

"你已经收拾好房间了，被子叠好了，地扫干净了，书桌上的书摆放整齐了。"

2. 描述你的感受

"走进干净的房间，觉得好亮堂，神清气爽。"

3. 把孩子值得称赞的行为总结为一个词

"我看你先叠被子、再擦桌子，最后打扫地面，有条有理，这叫'有规划'。"

"你已经连续一周每天背 10 个英语单词了，这叫'有坚持性'。"

很多时候，我们要通过描述性的赞扬，打开与孩子交流的渠道和建立相互理解的可能。

记得我一个朋友跟我抱怨过，说她女儿对她给予的赞扬毫不领情。

一天，女儿回家了，快快不乐地说："我真难看，和 Lisa 站在一起，我就是个丑小鸭。"

妈妈立马说："谁说你丑了，你是最美的！"

女儿二话没说，转身走进房间就把门关了，不再搭理妈妈。

我想女儿一定不在乎妈妈这句"你最美"。一来，女儿觉得妈妈没有理解自己的烦恼，想当然来句评价性的赞美，敷衍了事。二来，女儿觉得自己的妈妈理所应当会说自己好看，这个赞美充满了私心，也没有说服力。

如果妈妈用描述性的具体分析来交流，情况可能会不同。

妈妈："你的同学 Lisa 今天穿的那条红裙子，配上她的栗色头发和白皮肤的确非常漂亮。不过，你难道不觉得，你的强项是你的大眼睛和长腿吗？你上次穿那条牛仔裤搭配简单的白 T 恤，显出你修长的腿，既大方又经典，不是广受好评吗？"

"那我是不是不适合穿裙子？"如果女儿觉得被理解，就会敞开心扉。

"这也不见得，找到适合的样式就会好看。我们去看看你的衣柜吧，一起来搭配一下。其实，每个人的长相都有特色，要了解自己。这叫'各有所长'，美丽也是如此。"

夸奖也需要适应对方的年龄和能力。

如果你面对的是一个四岁的孩子，看到他能自己系好鞋带，你去鼓励她是很好的事情。可如果这个孩子已经八九岁了，就不用特别强调于此了，否则孩子会觉得大人低估了自己。

总之，没称赞到点子上，还不如不称赞。学会有效的赞美，杜绝空洞的溢美，才是引导孩子认识自己和培养自信的好办法。

尊重孩子的隐私，关乎信任和承诺

尊重隐私，已经成了现代社会每一个文明人拥有的意识。但"尊重隐私"有时并不是一件简单易行的事，尤其是当对象为自己的孩子时。一方面，家长需要关注孩子的言行，参与其成长过程；另一方面，又不能干涉太多，得让孩子拥有空间和属于自己的"秘密"，更不能随意将孩子的私事在亲人间分享，让孩子把父母当成"泄密者"，失去对家人的信任。这里面的分寸拿捏和微妙界限，还真不好把握。

欧美的亲子互动专家，总会讨论一个命题：孩子的某些犯错或违规行为，不是在公开场合发生的，而是在自己的房间等私密场所悄悄做的，却被家长无意中发现了。此时，家长应该直接闯入房间制止吗？比如，家长在孩子虚掩的门缝中，看到孩子没有按照说好的在做作业而是在打游戏，该怎么办？

可能很多中国父母不会认为这是个值得犹豫的问题，会立马进门喝止孩子，让其专心学习，并且认为这是唯一正确的做法。

可这样的事在欧美国家，却被家长、教育专家、老师和所有人，认为是非常棘手、不好解决的"两难困境"。若家长擅自闯入孩子房间发号施令，侵犯孩子隐私、不尊重其私人空间的警报已经拉响；若家长不提醒和阻止，似乎又没有尽到做家长监督孩子学习的责任。

在上面的情况中，相对好的做法是先敲门，哪怕是虚掩的门，然后再应对状况。如果孩子快速藏起了手中玩的游戏，开始做作业，那么家长可以装作什么也不知道，不要立马责备，因为让孩子做作业的目的已经达到了。当然，之后家长不妨找个恰当的时间跟孩子谈谈"偷打游戏，逃避作业"的问题。如果孩子告诉家长，作业早就做完了，所以才开始打游戏，那么可以尊重孩子的安排。

有些中国家长可能不理解这大费周章的讨论，但这的确很有必要！因为一个很简单很人性的道理，对家庭来说，一件事除了正确与否，还有对彼此间信任的影响。

就算正义站在你的一边，也不等于你就是正义本身。惩罚和说教孩子很容易，可如果界限和方式没有把握好，破坏了家人间相互的信任和凝聚力，就得不偿失了。

维系一个正常健康的家庭和社会的纽带，就是信任！这种信任的建立和维护，在很大程度上，要看个人能否拥有自己的秘密，隐私的空间能否得到尊重，这是我们安全感的来源。

很多时候，我们中国人不太看重也不会把握这个界限。不少中国家长会打着"为你好"、"关心你"的口号，认为跨越孩子隐私的界限理所应当。可是，在欧美，人人都把家庭间的"保密"和"跨界"看得很重要，也会在交流中，不断修正不当的言行，给彼此多一份体谅。

我刚来荷兰时，发生了一件事情，让我感悟良多，至今历历在目。

我先生的外甥女和我特别投缘。当年 12 岁的她，因为父母离异，心情不好，放假常到我家里玩，和我的关系很亲密。

有个周末，她在我家遇到了她作为女孩子的一件大事：月经初潮。整个过程，是我去洗手间帮她处理的。之后，她让我保密，不要把这件事告诉她妈。我答应了。后来她妈妈打电话来，我顺嘴就把孩子的事说了。我们一起开心着也感慨着，小姑娘长大了。

第二天她妈妈就来了，买了很多礼物，祝贺女儿在生理上迈向成熟女人的一大步。我永远记得孩子发现我泄密时，对我的那个眼神和受伤的表情，她质问我："你答应了不要告诉我妈妈，为什么不守信？"

她妈妈和我先生得知了来龙去脉后，都说我不该泄密，伤了孩子的隐私，也违背了她对我的信任。

其实我很后悔，可还是嘴硬："我又没告诉其他人，只是告诉她亲妈，这种事能瞒着亲妈吗？"

"你要是觉得这件事女儿应该告诉妈妈，你可以当下和她商量。她不想告诉妈妈，一定有她的理由，你也可以问她。你有什么权利不经过孩子同意，随意散布她的隐私呢？"我先生指责我。

我很真诚地去和孩子道歉，她原谅了我，也告诉我为何她不愿和妈妈分享秘密。

她说："爸妈闹离婚时，妈妈对爸爸说了很难听的话，我不愿意相信这么不懂得尊重别人的妈妈。我还在慢慢接受妈妈，我还需要一些时间。"

很多家庭中发生的事情背后，都有对隐私的尊重和对信任的考量。很多时候，我们不仅要捍卫言论的自由，更要维护保持沉默的权利。一个人，说不说什么，什么时机说，以什么方式说，需要思考来权衡，需要时间来消化，这是对他人和生活负责与稳重的表现。

说，与不说之间，我们必须了解，话语权，不是责骂诋毁；监督权，不是干涉泄密。在社会，该如此，在家庭，也是如此！

说，是因为勇敢和承担；不说，是给予尊重和信任！

定个时间点，接纳孩子的缺点为特点

孩子，总会有些毛病，懒散、拖沓、怯懦、吵闹等。父母在孩子身旁耳畔，从小到大，不断指点并纠正这些瑕疵。这乃是教育的一部分，无可厚非。但毕竟有些缺点不可能全部改正，它们会磨灭不掉地伴随终生。那么，家长需要明白，在某个时间点，得停止说教，去接纳孩子的缺点为特点。

很多欧美家长，都有一个逐步放弃"监督"孩子改正缺点的过程。有些品性是十二岁就不再提醒了，有些则是十五六岁就不再干涉了。家人会将这些缺点视为孩子的特点，调整自己去跟这些"特点"共处，引导孩子意识到不完美的习惯秉性，让其自己面对，任生活去打磨它们。

Mia 从小就有丢三落四的毛病。上幼儿园时，午餐盒常带去就拿不回家了。长大后，背包、梳子、毛巾等也是随带随丢。她若来我家过周末走后，我一定会在浴室发现她落下的洗发香波或面霜，这里或那里会有她的耳环和扎头发的橡皮筋，尽管我每次都不厌其烦地提醒她把物品收好带走："浴室检查一下哦，床边再看看……"

全家人都在很长时间里督促着 Mia 改掉忘东忘西的毛病，也采取了不少办法训练。后来，情况有好转，但 Mia 对随身物品的规划管理性还是低于平均水平。

在 Mia 十二三岁时，家人好像突然达成了某种共识，对 Mia 掉东西的指正变少了，而到了 Mia 十六岁时，几乎已没人去责怪她忘性大，而是各自发展出一套应对方式。

Mia 十二岁时，自行车钥匙找不到了，小时候，大家都会帮她找或是回忆可能落在哪里，找到后，为她想一个放钥匙的地方，提醒她以后别忘了。可现在，她妈妈就算看着 Mia 到处找钥匙有可能误了上学时间，也不管，自己该吃早饭就吃早饭，该上班就上班。

Mia 没被车钥匙的问题难住，她搭哥哥的自行车去了学校，放学后，去自行车行换了锁，有了几把新钥匙。Mia 自己留了一把钥匙，然后把其他钥匙做了分配，闺蜜那里放一把，让妈妈保管一把，以防哪天找不到了，能有备用的。

Mia 在亲戚家做客遗落的物件，以前我们都帮她留着。我家就有个小箱子，专门放她落下的零碎东西。她十五六岁时，我婆婆代表家人对她说，遗落在别人家的东西，只要一周内她没要求保留或索取，我们有权自行处理。

大家说到做到。我就见到我婆婆把 Mia 落下的衣服打包捐给难民了。后来 Mia 找那些衣服，我婆婆一板一眼地回答："你在一周期限内没告诉我要帮你留着，我就处理了。"

有次 Mia 要去旅游，来找我借小巧携带方便的微单相机。据她说，已经找两三个亲友借了，但人家都拒绝了，怕有借无还，而我则答应借她了。当晚她妈妈知道了，要求谈一下物品借还规则，建议我跟 Mia 讲清楚，相机或是附件弄丢了，要用零花钱赔偿。我说不用那么严格，但 Mia 妈坚持，说只有定好了规矩，才能不给他人添麻烦，更重要的是真正帮助 Mia 学会承担责任。

Mia 旅游结束后，相机倒是完璧归赵，但充电的 USB 线不见了。她来还相机时，边道歉边说，会在一周内想办法给我另找一条 USB 线。Mia 没有食言，过了两天就把线找给我了。因为三星电子产品的线可以共用，她找到一些三星手机多余的 USB 线，看到接口跟我的相机一致，就拿来给我了，也算是善始善终，有借有还。

这种方式，看似狠心，但仔细分析，是更利于孩子成长和家庭和睦的。

不是所有的缺点都能改掉，不是所有的尝试都有用，不是所有的问题都能圆满解决。那么我们要适时承认有的努力无法达到预期效果，给孩子也给自己留条退路，并建立一种新的处事交往模式。

就说 Mia 吧，作为家长的我们和她自身都花了十几年去处理她丢三落四的问题，但依然无法将 Mia 培养成一个井井有条的人。我们可以继续指责纠正 Mia 的毛病，也可以叫停这些"无用之功"，让孩子带着这个"缺点"跟自己的人生相处，承担由此产生的后果和代价，并在与社会和周遭人情世故的碰撞中，找到弥补、预防和处理的方式。

如今的 Mia 用智能手机的提醒功能和拍照存档来辅助自己对物品的管理，出门或造访亲友，离开时都对着手机里的清单检查是否遗漏了什么。小东西放在何处记不清了，就查她拍的照片。这不失为一种适合她的解决方案。

一辈子批评着孩子改不了的毛病，不懂放过，父母会变成讨厌而不识时务的"唠叨鬼"。我挺反感某些家长说"不怕你现在恨我，将来你肯定会理解并感谢我的"。很遗憾，说这些话的家长结果都是事与愿违，助长孩子的依赖心或逆反性，到最后，除了情绪的宣泄和家人的疏离，并没有解决任何问题。

在现代管理和领导力的培训上，要接受的基础理念就是，人无完人，每个人都要意识到自己的优势和弱点。很多时候，处理自身短板的方法，不用刻意克服，而是通过与团队互补合作或是利用工具来建立缓冲平台，照样能掌控局面。

父母对孩子的教育，要懂得适可而止。既然我们跟不了孩子一辈子，何不找一个时间点，逐渐接纳孩子的缺点为特点？只要尽过力了，就退步抽身，让孩子做独立的自己，而我们，做孩子生命中的旁观者和支持者就好，而非评判者和仲裁者。

限制，不是保护的方式

　　自由，是西方教育中，必须得让孩子在思维和生活中树立起来的意识和人格。我相信，无论身处何地，父母都希望孩子能建立和拥有自由与自主。因此，培养孩子对自由的认知和定义，非常重要。

　　自由，不是放纵散漫，其实，自由，就是自己对自己负责。在这种责任和意识中，我们不去强制他人，也尽可能地不让他人来强制我们。在保持自己人格尊严、选择自由度和生活空间的前提下，尽可能对他人释放善意。

　　孩子们要拥有"自我自由观"，必须先了解其间的界限，去守护自由，并有理有据地坚持自我。在一次荷兰孩子的中国游中，我很欣慰地看到了孩子们保护和争取属于自己自由的那份坚持和理智。

　　暑假来了，我们家 Clarien 和其他 10 个十二三岁的荷兰女孩儿应邀去参加中国某市举办的国际青少年文化艺术交流，表演舞蹈。

　　对于这些孩子来说，中国是遥远神秘的所在，她们特别愿意近距离地去感受中国。况且，参加这次活动的包括几十个国家的青少年，总共几千人，她们也期待和世界各地的同龄人交流。

可是，到了中国，孩子们以为能在表演之余到处看看的愿望立即破灭了，因为国际代表队们都被组委会"禁足"了，孩子们的满腔兴奋犹如被兜头泼下一盆凉水。

根据组委会规定，孩子们和团队人员在起床用餐后会被车接到会场，禁止外出。晚上会有班车把她们送回酒店，不允许她们再出去，直到第二天再被接到会场。理由是，来自世界各地的孩子太多了，出任何危险都是国际事端，为了她们的安全，一切都由组委会安排管控。

长达一周的活动，也没有一个完整系统的日程安排，日程都是每日发给大家一个大概的安排，具体的安排必须等当下的通知。

常常，排练结束，到表演之前，孩子们需要在休息室等五六个小时，无所事事。

孩子们很焦虑，试着与配给的翻译交涉。

"我们去马路对面的商场看看，行吗？"

"不行！领导说了，出了危险，不好办。"

"有什么危险呢？"

"危险，是说不清的状况。这是为了你们的安全考虑。"

"我们在休息室的 6 个小时干什么呢？"

"你们可以休息，睡觉。"

"可是，我们睡不着。"

"那就试着睡。"

"我们能回酒店睡吗？"

"不行！班车只有晚上有。"

"不用班车，我们可以自己坐车回去，保证准时回来。"

"不行，自己坐车，出了危险，谁负责？"

"坐车会有什么危险？"

"在这里休息，是为了你们的安全考虑。"

"那我们能去看其他团队的彩排吗？"

"你们只能看安排你们去看的彩排，没有权利去看别的彩排。彩排地点有领导和很多媒体，你们不能想去就去。"

"为什么有领导和媒体，我们就不能去？"

"你们会扰乱秩序，会有危险。"

"那你告诉我们，如何遵守秩序，我们会照做的！我们不会打扰他们的。"

"不行！这是为了你们的安全考虑。"

最初的两三天，这样走入死胡同的谈话，不断重复着。

她们很难理解这种用"保护"作为借口来"限制"行动自由的方式。

一是，她们十二三岁了，自我意识已经很强，不容易被糊弄。

二是，她们生活在自由开放的阿姆斯特丹，每天都有来自世界各地的人，在此举办人数高达几万的演唱会、派对、体育比赛；时不时就会有超过城市人口半数的大型国际性活动举行，她们的日常生活从未受过影响，更别说限制行动。

Clarien 晚上和我聊天："除了顺从，我们别无选择。在这里，你的声音，太难被人听到或认真对待。到处都弥漫着一种听天由命的无所事事。"

"我们受不了继续被关在'隔离房'了（孩子们给休息室取了个名字）。明天要好好和组委会商量，争取我们的自由。"在第三日晚上，Clarien 她们忍无可忍了。

"那你们可要注意态度。否则，明年你们不会被邀请了。"我有点担心。

"放心吧，我们会和领队老师商量好策略，注意语气和方式。"

"你们还希望再被邀请吗？"

"当然希望再被邀请了！虽然这里有不好的地方，但我们会提出建议，不放弃商讨，给对方改善的机会。明年，希望会有其他孩子来看到进步。总不能一有不尽如人意之处，就封堵再次发现和审视的可能性吧？一定会好起来的！"

我很感动，觉得 Clarien 长大了，有着超过她年龄的包容心和耐心。她只有十二岁，去了一个文化环境完全不同的地方，在遭受并不令人开心的待遇后，没有忌恨，不去抱怨，而是想办法理解现状，化解矛盾，争取权益和自由，真的很不简单。

第二天，她们把团队的要求理清后就开始了谈判："我们接受你们为我们的安全考虑，不允许我们到处走。可是，我们在这休息室里憋得太难受了。要不，你们给我们安排些活动或游戏，只要是你们认为安全的，也能打发我们的时间，就最好不过了。"

组委会被说服了，专门在休息室安排了一些文艺训练，请人来教孩子们中国的书法、剪纸和画画。孩子们很开心，非常喜欢这些活动，每个人都学到点手艺。

再后来，组委会还应她们的要求，允许她们在翻译的带领下，离开会场 2 小时，去大型商厦购物娱乐。

所有的问题，都被孩子们理智地处理好了，连组委会的翻译都很佩服她们，说："看来'自由'需要认真争取啊，否则别人不会给你。"

Clarien 对我说她不同意这话："自由，不是别人给的！自由，本来就属于你自己。你需要保护它，不让别人轻易拿走！"

孩子，你说得很对！虽然，自由，需要责任来守护，不是轻飘飘的无拘无束；自由，也需要规矩来约束，必须以不伤害他人为边界。但是，自由，的确，本来就是属于你的！

培养爱好要有的放矢

由英国自然历史博物馆和 BBC 野生动物杂志联办的"年度野生动物摄影赛"（Wildlife Photographer of the Year，WPY）是国际摄影界一年一度的盛事。从 1964 年举办至今，该赛事被誉为摄影界最有声望的竞赛。它分为许多类别，其中有三个类别是专为 18 岁以下的孩子而设置的，分为"10 岁以下"，"11~14 岁"和"15~17 岁"几个年龄组。我每年都会去观赏该赛事的获奖作品展。

我一直记得一个叫欧文的 13 岁英国男孩于 2012 年的获奖作品，是一张名叫《航迹》的照片，摄下的影像是一只飞翔的老鹰和远处飞机的投影。气势、构图和灵光一闪的画面捕捉，让人称叹不已。

欧文出生于一个农民家庭，9 岁时，他得到了一台数码傻瓜相机作为圣诞礼物，从此爱上摄影。家里没一个人懂摄影，他就一边拿着相机练习拍照，一边在网络上看各种视频自学，并进入摄影论坛向他人取经。一年后，他觉得有必要升级相机了，就将傻瓜相机换成了二手的 Nikon-D90 单反。这个升级是他打了很多工并卖掉了傻瓜相机得来的。之后，为了买镜头，他卖掉了所有的玩具，把课余时间利用起来，在祖父母的牧场，捕捉灵感和拍照。三年后，他就用这台二手的 Nikon-D90，拍下了《航迹》，赢得了野生摄影界最大的奖项。记者采访，问他长大后想干什么。欧文说："如果能做专业的摄影师当然很好，可是当一个农民而把摄影作为爱好也会让我非常开心。"

这是一个英国普通的农家男孩，从 9 岁到 13 岁，努力追求爱好的故事，他的平淡朴实、理智独立、脚踏实地让人印象深刻。

可咱们对待孩子的爱好，经常不这么平静。

国内有个熟人说她读高一的儿子想玩摄影。平时连 200 元一双的鞋都舍不得买的她，为了支持儿子，立马买了台 Nikon-D300 给儿子，相机配上镜头要 2 万人民币。结果儿子却说不喜欢 Nikon 相机，要佳能的。她又急又歉疚地跟我说："都怪我，问也没问清楚就瞎买。花了钱也没让儿子开心，小小的爱好都满足不了他。我们夫妻俩是啥都不懂啊，又没本事，儿子生在我们家都给耽误了。"

说实话，我真没感觉到那个儿子怎么被"耽误"了，从母亲认为砸锅卖铁也要全力满足孩子的那种理所应当中，我只看到了对她孩子无原则的溺爱。

我还看到很多父母不喜欢孩子的某些爱好而武断拒绝的情况，以及有些父母不管孩子有没有兴趣，也非让孩子学些才艺。最多的是逼孩子学钢琴，考级。家长陪着上课，守着练琴，钢琴声伴着骂声和孩子的哭声，练得孩子和家长都是一肚子委屈，听不到孩子对音乐的爱和诠释。

可否用一个平常理性的态度对孩子的兴趣爱好进行识别和培养呢？父母不妨多和孩子讨论其爱好，多了解这个爱好的实质内容，多分析实现爱好的可能性及利弊。而孩子要懂得在追求爱好的路途上，最重要的是自己的耐心、恒心和责任心。

除了逼迫，中国家长还尤其在意设备的投资。要学钢琴的，一出手就是几万块的进口高档钢琴；要学摄影的，不管有没有必要，先买个单反再说。欧洲街头，中国游客或留学生，几乎人手一台优质单反。而欧洲这边更关注爱好的本质，以及努力的方向。

我开始玩摄影的时候，进了个国内的论坛，整版整篇都是介绍新手要买什么样的单反。我接着进了国外的摄影入门论坛，大家都在讨论如何取景。

我的博士导师，除了是自然科学界的泰斗之外，也是国际上拍野生鸟类的大牛人，数次获得"年度野生动物摄影"大奖。

我咨询他该买什么相机入门。

他问："你主要拍什么？"

"旅游时用，拍风景。"

"那基本是静物了。你不用买任何相机，用你的手机和数码相机练习构图和对光线的感觉吧。你要首先练出一双发现美的眼睛。"

我的摄影入门，是从手机拍照一步步练起的。

欧洲这边家庭初买钢琴大多是二手的，家里没买琴的，孩子就在公共琴房练习。我很少见到欧美父母守着练琴的，我很喜欢在那里看老师和孩子们在课后玩的随故事情节即兴演奏的游戏。

孩子坐到琴前，老师就开始说故事："小矮人在森林里快乐地走路，突然来了只大灰狼。小矮人跑啊跑，摔倒了再爬起来。突然，气喘吁吁的小矮人眼前出现了一片美丽的花园……"

孩子边听故事边切入适当的琴声，随着故事的起承转合变化，时而急促紧张，时而柔和梦幻。一曲结束，大家开心地为弹琴的孩子鼓掌，其他的孩子争先恐后，想开始下一轮即兴配乐演奏。

无论是开始或是放弃一个爱好，家长应该首先让孩子充分认识和尝试这项爱好，让其对此有兴趣并懂得自己要为此付出的时间、努力和责任。为此，家长应该了解这项爱好的实质，而不是想当然地先买设备然后逼着孩子达到某种级别。

一对荷兰朋友六七岁的女儿，很想学花样滑冰。孩子妈心里很不愿意让女儿学它，她本能地觉得花样滑冰的旋转动作很危险，孩子容易受伤。但是，她并没有想当然地用自己的担忧去阻止女儿，而是和孩子爸一起，先去咨询花样滑冰训练的步骤和注意事项。夫妻俩了解到，原来孩子在做那些复杂的动作之前，要学习很多基本的平衡和肢体训练。这些训练很安全，也有利于孩子的身体协调性和体质全面发展。今后若是孩子练到复杂和有危险系数的动作，也会学习很多保障技巧。夫妻俩放心了，并把这一切和女儿分享。于是，孩子在父母的支持下开心地去练滑冰。

来自德国的雷昂，他爸爸就是自然风光和野生主题的摄影师。他从刚会走路开始就加入了爸爸的摄影之旅，自然而然地爱上摄影。三岁时爸爸给了他一台袖珍相机后，他就开始不停地拍照了。如今，他已拥有自己的单反相机，独立地进行摄影创作了。

雷昂喜欢拍摄鸟类。灰鹤如小号般的鸣叫总萦绕在雷昂的耳畔，他特别希望能拍到一张让自己满意的飞鹤照片。为此，他花了近一年时间准备，了解鹤的习性、动态、迁徙路线，也学着如何隐藏埋伏自己。

德国北部的 Galenbecker 湖，是著名的水鸟迁徙补给站，有很多灰鹤。雷昂和爸爸来到这里，隐蔽在合适的地方。因为光线和天气，他们什么都看不清，几天都一无所获。雷昂不气馁，依然每天凌晨 4 点天不亮就起床，在湖畔的埋伏点一动不动地趴着，坚守着一个适当的机会。终于，在一个拂晓，云雾缭绕，晨曦初破，一队灰鹤从淡金色的湖面飞起，雷昂按下了快门，诞生了这张 2014 年 "BBC 年度野生动物摄影赛" 10 岁内年龄段的摄影决赛大奖《晨曦飞鹤》(Cranes at dawn)。

八岁的希腊男孩利昂在 2014 年的 "BBC 年度野生动物摄影赛" 中以一张名为《警惕的非洲豹》(The watchful cheetah) 的照片获奖。利昂很小就知道，要拍摄行动中的野生动物，必须学会使用长焦镜头。可小小的他，连镜头都举不稳，怎么办呢？在一次和爸爸遛狗的时候，他发现，拍摄狗追回抛出的网球是个练习使用长焦镜头的好办法。之后，每天和爸爸遛狗时，他都坚持不懈地捕捉狗追球的各种动态。长时间的练习，不仅让他的手稳了，也让他的眼神对动态和速度有了准确的判断。

　　8 岁的利昂和爸爸一起去了肯尼亚国家自然保护区，这是他人生中的第一次游猎摄影。一天，利昂他们乘坐的车遇到一只刚吃完黑斑羚的母非洲豹。车上的大人都爬到车顶去拍摄。利昂个头小，就从车的侧窗挤出去，在豹子抬眼时，平视拍摄，是唯一拍到地面高度视角的佳作。除了热爱野生摄影，利昂还是个自然资源保护者。小小年纪的他是世界野生动物基金会在希腊的志愿者。在取得了这次摄影大奖后，利昂已筹备了自己的影展和照片售卖，为在肯尼亚建一所学校而募资。他把收入的每一分钱都捐出来盖这所学校，为了非洲的孩子也能像自己一样有生活，有爱好！

　　爱好，不是松散的喜悦，它是一种责任和能力，需要学习。一个人要从爱好里得到最大的满足和快乐，必须要经历自己去创造机会、解决问题到最后达到目标的整个过程。欧洲的孩子和他们的家长，就是这样关注爱好的内容本质，确定努力的方向，用平常心一步步追求爱好的。

放弃，比坚持更需要勇气

坚持，是人人挂在嘴边的必备优秀品质。但我总觉得，不能因为过分强调坚持，而忘了教孩子学会放弃。

坚持和放弃都是一种选择，其间的平衡，自有深意。很多时候，学会放弃，比懂得坚持更需要智慧、耐心和勇气。正因为难度大，大家都只愿追随看似绝对正确的"坚持"，一旦出现不符合既定安排的现象，就贴上"你怎么这么没坚持性"或是"不懂得坚持，还会有什么修为"的标签。

孩子小时候，如果没有学会放弃和坚持的理性权衡，好像恶果并不明显。但是一到进入大学和社会，人生就会走样和乱套。

在此，先举大孩子的例子，让大家知道从小不懂放弃，日积月累造成的人生不如意乃至悲剧。

比如，一个孩子读到大三了，总算肯定也有勇气去承认自己不爱这个专业，想转去另一个学科。大多数的中国家长都会劝：再坚持一年这个专业就读完了，能拿到本科文凭。现在放弃，你前三年不就白费了吗？先拿了这个专业的文凭，再去换专业岂不没损失？

这些错误的逻辑，在孩子小时候，可能只是让孩子坚持一个不擅长的才艺训练，对人生的影响甚微；孩子大了再一味强调坚持，就有可能造成人生重大抉择的错位。

一个人一生的时间和精力是有限的，机会和时机更是可遇而不可求。听起来，好像到了大三再坚持一年拿了文凭，比从头来过浪费了三年要讨巧。但是，若真不愿学的东西，拿了文凭也是空纸白字，无甚用处，不如早一年开始新的追求。

我有个熟人，是个学霸型的天之骄女，获得名牌大学的理工博士学位后，顺利进入世界500强之一的荷兰飞利浦公司工作。表面上，她从来都是所有人羡慕的对象，学习的榜样；可暗地里，只有我们这些朋友知道，她所学的专业、所干的工作都是自己不喜欢的。

她是个软弱却难违父母之命的人，在光环下度日如年地坚持着虚设的繁华。每一次想放弃，都被劝说需咬牙坚持。一路走来，她几乎没有感受过生活、学习和工作的快乐，周一去上班浑身冒冷汗，然后就一天天盼望周五到来，周而复始，苦不堪言。坚持得太久，离旧梦太远，时光荏苒，她身心俱疲，不堪重负，得了胃溃疡和严重的抑郁症，不成人样。

治疗时，医生觉得她回国与家人相伴对恢复更好，但她母亲认为女儿这样子回去让人笑话，再加上女儿还未婚嫁，怕回国后别人见她成了"精神病"对日后终身大事无益，于是只身来荷照顾女儿。

我去看她，她母亲夸口自己的"英明决策"："亏得当年我让女儿多读书进好公司，你看，生病了不用上班，医药费全归公司管，还会出钱让我俩去欧洲旅游散心，为了让她好好康复，等着她回去呢。要是在不好的公司和环境，她这个样子，谁管啊？"

这是因果倒置，如果她女儿能早点放弃不喜欢的专业和工作，做些自己喜欢的事，根本不会落到这步田地，遭这份罪。

某种程度上，在教育和成才思维里，我们过度宣扬了"轻易放弃自己不该放弃的"之坏处，却很少谈到"固执坚持了自己不该坚持的"之痛苦。

前面的例子，都可以看到家长们惧怕改变，没有倾听孩子放弃的原由，也没有详细了解另一条路的情况，想当然地认为坚持才是两全其美。

为了避免长大后的种种不堪无奈，家长一定要从小着手，让孩子意识到，放弃，也是一种选择。

未必所有的事都值得坚持，放弃有时是及时止损，更是另一个高效的开始。坚持和前进固然可贵，后退和抽身也未尝可悲。放弃后重整再来，走出的可以是一片更辽阔的天地。

在孩子小的时候，父母督促的坚持常与爱好和才艺相关。

比如，让孩子学钢琴就希望他能练到一个水平，其间想换方向就不由分说地指责他没坚持性。

曾经，我也是这样的。先生家族里的孩子换个爱好或是想尝试的事一多，我就会责怪他们没常性，缺少自制力。这让我与荷兰的家人矛盾重重。其实，不是他们不在乎孩子的坚持性，而是他们更愿意耐心地了解孩子放弃的理由，抱着更开放的态度，鼓励孩子多去尝试。

侄女 Mabel 可谓爱好众多，或者拿我当初的话来评论就是，她自己不清楚喜欢啥，又没恒心。

她说想学钢琴，家长专门把奶奶的名牌钢琴搬来并调好给她练，请的是海牙艺术学院的教授每周一次来上课，才学了两个月，她就不愿继续了，说是已经报了曲棍球训练。她还同时学着绘画和跳舞。做家长的，除了周末和课余时间开车陪送她参与这些兴趣活动，还要关注她的突发奇想，不断冒出的想尝试的新爱好。

在一次全家出动观看了她的曲棍球比赛后，她又说要放弃曲棍球，想去学体操。我当时二话没说就开骂："你就是个不懂坚持、不会感恩的孩子。三天打鱼，两天晒网，你要学什么，大家都支持你，陪着你上课比赛，到处跑。

你不对你自己负责，是否也该考虑下我们的时间和精力投入？太不懂事了！"

　　Mabel 没被人说过这么重的话，立马就哭了。在场的家人当下并没说什么，回到家后就来跟我私下谈话，觉得我言辞欠妥："孩子这个年龄，不清楚爱好，无法定性，本是常态。多去尝试，我们该支持。她说不想继续，咱们就问清原因，和她分析再做决定，哪至于扣那么多品德性的大帽子。再说，我们去看孩子的比赛给她加油，陪孩子参加兴趣班，是自愿的，不需要她感恩，和她懂不懂事更没关系。"

　　Mabel 说放弃钢琴，奶奶去跟她谈话，仔细询问她对待钢琴的心态，然后又去了解曲棍球的时间安排，和孩子商量，先把钢琴学习的频率降到一个月两次。因为奶奶听出来 Mabel 依然对钢琴有兴趣，只是担心会影响其他的爱好，就帮她做了合理的调整。

　　对于放弃曲棍球，Mabel 爸爸除了听她的感受，还去咨询了教练，之后又去体操班那边了解训练模式，然后跟她就这些信息慎重谈了一次，跟她讲解放弃意味着什么，梳理新爱好的具体计划怎样，最后爸爸说："你如果要继续打曲棍球，我们会一如既往地支持。你若确定不练了，我们就不再提这件事，你好好学体操！"

　　Mabel 立马点头。

　　爸爸对她说："你最好先考虑两天，再告诉我是否确定放弃。"

　　两天后，Mabel 放弃的态度很坚定，但还不忘问了一句："如果一两年后，我又想练曲棍球了，能行吗？"

　　她爸爸没有讽刺和威胁她，说什么"哪有那么便宜的事，现在放弃了就别指望吃回头草"这类的话，而是告诉 Mabel："以后你想练习，我们会支持你的。但是，正如我们前两天谈到的，今后重拾，训练有断层，你可能要花更多的时间补课，再加上年龄的增长，有些基本功没练到，可能进步慢，达不到预期。你对此有个心理准备就可以了。"

　　Mabel 点头认同，毫无负担地投入到体操爱好中去了。

后来，她没有再打曲棍球，没有坚持体操，钢琴也在练了两年后放弃了。此外，她还尝试过鸟类观察和马术，也没长久。反而是绘画和舞蹈一直坚持着，是她真心喜欢的。

如今 Mabel 已经 17 岁了，在舞蹈方面的成就达到了专业水平，受邀参加荷兰电视台的许多表演，也会为商业演出伴舞，课余时间她还指导小朋友跳芭蕾，收入颇丰。

那些被她放弃的爱好似乎都没有被浪费。钢琴练习让她乐感极好，编舞跳舞悟性高，体操训练让她的平衡性协调性很强，马术和曲棍球让她对自己的体能和肌肉强度知之甚深。为了观察鸟类走到大自然中去的游历，除了令她的生物学知识丰富、生存力强之外，更让她有了许多绘画的素材，创作了很多好画。

Mabel 放弃淘汰了不适合自己的东西，而坚持下来的是自己的人生。看到孩子能够如此快乐地成长，爱好是真正的乐趣而非负担，大家都甚是欣慰。

放弃，并不等于浪费，更不意味着软弱，有时反而说明你足够坚强懂得取舍。只要我们了解孩子放弃的理由，引导并和孩子共同分析放弃的后果，做好准备，所做的决定必是理性的。

退，是寻求转弯和另行前进的必要条件。人生的选择，就是一个不断尝试、筛选、放弃再拾起的过程。没有放弃和选择，何来最后对自我的了解？关闭孩子放弃的可能，又会让其有多少遗憾？

中国有句古话，有所为，就有所不为。坚持和放弃，虽都很重要，但学会放弃，更是艺术，取舍间才得人生的乐趣和真谛。

第四章

没有最好的教育，只有
更多的选择

欧洲家长如何给孩子择校

放手让孩子做他们喜欢做的事

培养孩子的创造力，不能无方，但求无为！

跟小猫说对不起

……

欧洲家长如何给孩子择校

教育没有绝对的好坏之分，只有选择方向不同

很多家长在教育孩子时，总是在寻求一种所谓"最好"的教育方式，就像面对考试时要去找那个唯一的正确答案一样。

我始终认为，教育没有最好的方式，只有更多的选择。若一个环境，能给家长和孩子们提供不同形态的选择，拥有各类教育模板，让其找到适合自己的定位发展，就是因材施教。

想要有聪明的孩子，先得有善于学习的父母。这种学习不是教条死板地去学技巧和做法，而是以开放的心态去拓展思维，增加观察角度，提高判断力，从而找到那条合适孩子的路。

其实，如果达成"教育没有绝对的好坏之分，只有选择方向不同"的共识后，家长就会迫使自己持续地去思考追问，观察借鉴：什么是孩子想要的，什么是适合孩子的。这其实比对某种教育技巧不加判断地言听计从对家长的挑战大得多。

在欧洲，公私立教育类型众多，不按学费高低，而是依学校所选的教育方式和特点来区别。如，荷兰对正常儿童的教育分为公立综合学校、个体教育学校（即一般所说的私立学校）、综合－个体联合学校三大类。个体教育学校中有十几种教育模式供选择，包括蒙氏①、道尔顿②、自由、自然、平和、发展方向、瑟谷教育③等。每种模式下还有其各自具体的办学愿景。这些愿景，都是看似简单并与日常密切相关的话，不空不远，各有特色。

我朋友孩子就读幼儿园的愿景是："我们帮助孩子以最真实的方式接触生活和大自然，将生活和生命的真实与孩子拉近，让他们亲身体验和经历生活的种种，从而一小步一小步地走向独立和自主。"为此老师带孩子"走出去"，处理日常生活中的大小事务，去大自然、博物馆、开药、购物等。

我家孩子们所在学校的愿景是："懂得何为健康：健康的身体、心理和思想。"针对健康的身体，老师和健康卫生机构合作，与孩子身体力行健康理念，比如，体验各种锻炼和运动方式；每周两日为蔬果清水日，孩子老师们只吃蔬果喝白水，杜绝碳酸饮料；参观有机农场、药厂，了解食药来源。为培养健康的心理，学校带孩子接触不同文化，走出学校接触各类群体，鼓励孩子多维思考、平衡包容。

这些学校的办学侧重点都立足于学生，针对的是学生的个体规划，强调如何引导孩子找到自己的个性行为特点和学习习惯。例如，帮助不擅长某学科的孩子提高学习能力，让腼腆的孩子学会交际等。

学校培养孩子的方式会非常具体地落在生活的点滴中。就拿孩子们午饭的餐桌来说，若 A 是个羞涩腼腆的孩子，那么老师就会刻意安排活泼健谈的 B 与之相邻而坐，互补两人的性格，在潜移默化中借鉴彼此的特点，从而使 A

---

① 蒙台梭利教育法，十分重视儿童的早期教育。其教学方法从智力训练、感觉训练到运动训练，从尊重自由到建立意志，从平民教育到贵族教育，为西方社会的发展提供了人才基础。
② 道尔顿教育模式，一种彻底适应学生个性的教学方法。
③ 瑟谷教育基于对人的信任，相信人有不同的兴趣、不同的目标、不同的接受速度等差异。该教育没有课程设置，不在学习和玩耍之间人为地划界线。

能开朗些，B 能稳重些。

班级的外出活动，最容易显现孩子的性格，谁有领导力，谁受欢迎，谁会服从，一目了然。这会让孩子更了解自己，发挥优势的同时，也有意识弥补不足之处。老师通过观察，也会给孩子们创造机会完善自己。

中国注重学校的成功，而欧美偏重学生的成功

欧洲的综合教育，与中国的统一教育不是一码事。就说荷兰的语文课吧，荷兰教育部会有审定的小学语文教材，但统一教材不是全国只有一本，而是有十多本达到荷兰语教学标准的教材可供学校、老师、家长和学生选择，而且每一两年都会有新的教材加入，旧的被淘汰。学校一般会选择 1~2 册课本教学，若某个学生不喜欢备选的基本教材，或是用此教材学习荷兰语效果不佳，那么老师会建议，让孩子选用其他荷兰语教材来提高学习兴趣和效果。其他学科也是如此。总之，选择很多，可以根据学生的具体情况做调整。

在这种基础教育体制下，学校都不给孩子们横向排名次和谈论"升学率"。当然，孩子也有及格达标线，但是判断孩子的成就标准并不仅由成绩好分数高决定，孩子的社会责任心、分享能力、口才思辨、处理纷争冲突、敢于挑战权威、慈善助人等都是衡量范围。孩子们受到的关注，不会因为成绩优劣而被区别对待；孩子们对成功成才的认知，也不会那么单一和表面化。

如果将升学率作为教育达标的唯一标准，必然会导致老师偏向少数"优等生"，因其是学校名誉和水平的保障。如此一来，多数孩子会成为"优等生"的陪读，很难寻求自我完善成长。有人评价，这种为了培养"少数"而让"大多数"带着心灵创伤走出校门的教育，本质上是反教育的。

其实，有的孩子在成绩上后进些，或是性格过于独特，并不应该受到区别对待，反而是这些孩子，才更需要关注和个性化的指导。教育之目的，不应该仅仅是提高考分，还应培育性格的成长，提高生活的质量，关注人与外

界的互动平衡。

欧洲家长如何给孩子择校？

在给孩子选择学校和教养理念时，家长得持续发现孩子的特点和需求，并且不断自我调整和学习。

在国外给孩子选择幼儿园和学校，是一个不断认识孩子的过程。除了参观校舍环境，了解教育理念，老师、家长和孩子三方面谈之外，还会有问卷和表格让家长和孩子一起填写，问题都是帮助孩子了解自己的：学校／老师给你的第一印象如何？你喜欢课间休息吗？更喜欢户外还是户内活动？和小伙伴玩游戏，你喜欢制定游戏规则吗？发现老师犯了错，你会指出来吗⋯⋯细致繁多的问题分类，让家长对孩子的认识更加明晰，对学校的选择也能契合孩子的个性。

热衷公共事务孩子所选的"平和式"教育模式

邻居的孩子 Kelly 是个很喜欢公共事务、慈善助人的孩子。但是，Kelly 的自信心不强，导致其语言表达和说服力一般。为此，父母为她选择了采用"平和教育"模式的学校。

"平和式"教育，是一个培养小学生社交能力和民主公民意识的完整系统，其目的是教孩子：

- 用正面和关怀的方式彼此相处；
- 用民主的方式交流、权衡、妥协并做出决定；
- 建设性地化解矛盾；
- 为彼此、为社会承担责任；
- 以开放的态度看待和接纳人与人之间的差异。

这个教育模式不仅教给孩子社交技能，而且通过教育和行为调节，让孩子们懂得如何一步步创建一个积极的社会道德环境。它将教室和学校模拟成一个社会，作为"训练场"，让孩子充分体会"被倾听、勤发现、去感受、能表达"这些板块，从而学习共同做决定、解决冲突、相互制衡，确立对他人和社会的责任感。

其课程文化之一就是用团队课程的方式，给孩子赋予任务和责任，如，成为同学间问题的调解员，审视学校附近的环境和交通状况并寻求解决方案。通过引导孩子思考自己所在的社会环境，在那里找到其定位、权责，并认识自己的核心力量，驾驭其发言权、演讲力，掌握各种在民主社会中需要的生存和说服技能。

据说 Kelly 和父母去学校参观和面试时，就喜欢上那里了。

当 Kelly 在老师的带领下穿过学校的走廊时，她看到那里陈列着不少孩子们的手工制品。她指着一件窗台上的手工摆设说："这个一点也不好看，为什么放在那里呢？"

老师没有用大道理的方式制止她，说什么"别这么没礼貌，要尊重他人成果，你这样评价很不友好"。

老师只是微笑着说："是吗？你觉得它不怎么漂亮。其实，在这里，不是每个人都要做出完美的手工制品，如果你喜欢，也可以制作不怎么好看的，你有自由去抒发和表达。"

Kelly 很满意这个答案。

其实在她的问题背后，隐藏的那层含义是："若一个孩子做出了并不精美的手工制品，会怎么样？老师是会接纳还是评判？" Kelly 不是很自信的孩子，得到这个答案，对于她很重要。

到了游戏室，Kelly 看到一个箱子，里面放着好些坏了的玩具，她又问："是谁弄坏了这些东西？"

老师没有借机说"你们要爱惜玩具"，或是"你不用管弄坏玩具的人，反正跟你说了你也不认识"。

老师的回答很简单："玩具就是拿来玩的，有时候它会坏，如此而已。我们把坏了的玩具放在这里，如果有其他小朋友看到了，愿意自告奋勇来修理，我们很鼓励。如果一个月后无人问津的，我们就处理掉。"

其实，Kelly 关心的并不是那个弄坏玩具的人名，而是弄坏玩具的人会被如何对待。

Kelly 很自然地喜欢上了这所学校，因为老师很好，即使做不出漂亮的手工作品或是弄坏了玩具，也不会受到指责惩罚。Kelly 觉得在这里很安全很踏实。她还模模糊糊地感觉到了该怎样去倾听他人话语后面的意思，而这种交流技能是多么重要。

可想而知，Kelly 在那里可谓如鱼得水，每天都开心地去上学，其自信心和表达力也在一点点地建立。

学校一直鼓励孩子们要有自己的观点和立场，并找到渠道确立自己的发言权，很重视培养孩子解决问题和批判性思维的能力。学校每周都会给予孩子们一个思考讨论的话题，涵盖面五花八门。话题可以是老师提出来的，也可以是学生们自己在日常生活、新闻事件中看到听到的。

比如，对周围的环境，最让你不满或困扰的是什么？吃素到底健康吗？网络时代的教育变革该怎么做？皇室该被取缔吗？从苏格兰公投来看国家的概念和独立自主等。

Kelly 还来"采访"过我，因为那期的讨论话题是"中国的独生子女政策和开放二胎"。看着才 12 岁的 Kelly，带着密密麻麻写满独生子女政策来龙去脉的笔记本，准备充分地跟我探讨对此的感受和利弊分析，我由衷叹服。

有一次，我受邀与 Kelly 的家人一起去参加他们学校的演讲会，命题是"如果你有一分钟让全世界听你说"。看这个题目就知道，肯定是政治主张表述了，要让全世界都来听的，肯定是与大家息息相关的，而非小孩子想要什么玩具之类的个人诉求。

这些 11~12 岁的孩子们，关心着国际局势和身边的问题，并且对此有见解和主张。

Kelly 探讨的是"荷兰作为一个富裕的国家，它能为贫穷国家的人做些什么"，她阐述了荷兰过往援助非洲的成绩，也说了在没有了解当地文化前提下想当然给予资助的弊端和浪费。

一个男孩子讲的是"全球化时代的分裂世界"，表明全球化的应该是一些共同关注的价值观，但在疆土国界上要准备好面对分裂独立。不知这是否应了中国那句老话"天下大势，分久必合，合久必分"。

还有个女孩子自己成立了一个组织，与荷兰难民署合作，专门与在校的难民孩子互动并跟他们一起学习。这个孩子的演讲，倡导对难民孩子的教育和心理关注。

当天的我大开眼界，感慨万千，这些孩子从小就被训练去思考和解决社会问题，并确立自己的参与感和思辨力，将来长大了，他们不去改变世界，谁去改变呢？

体育尖子生的择校考量

当然，"平和式"教育只是众多教育模式中的一种而已，并不是每个孩子都适合它。就说我们家的孩子 Daan，对公共议题兴趣不大，爱好体育，尤其是足球，想往专业方向发展。

Daan 就读的是一般的公共综合学校，他从 4 岁就开始踢足球了，训练和赛事逐年增加。随着年龄增长，课业加重，我们需要寻找一所能把孩子的体育爱好和日常教育平衡起来的学校。欧洲没有什么体育学校的说法，从事体育的孩子们，基础教育和大学教育都和所有人一样，只是在教学安排上有所调整，来配合孩子的体育训练和赛季。

我们找到了另一所公共综合学校，收纳体育生，很适合 Daan。

这所学校是怎么把体育和课业平衡的呢？

孩子的课业要求和强度与其他中小学完全一样，不会降低水平，只是课程和考试安排不同而已。比如，除了统一上课，学校会有"重复授课"的安排，针对孩子因为去打比赛而误了的平时课程。至于考试，则采用"灵活考试时间"的办法，即，考试时间不固定，学校会说这几门考试，请在这几个星期内完成。孩子在欧洲巡回比赛或是封闭集训结束后，可以补课后跟老师商议哪天考试。订下考试时间，老师会把试卷放在孩子的信箱中，孩子拿出来去考就是了。很多时候，是网络考试，在预定的时间上网答完试题即可。

可能有人会说，这样考试，不就方便作弊吗？去问问先考的同学就知道试题了。其实，孩子们的考试都有难度相同的 5 套不同试卷，谁也不知道你会抽到哪一份卷子。若是机考，会有个大题库，每个人的题目都不尽相同，问他人也是白问。再加上考试的问题，很多都是开放式的，没有标准固定答案，知道了别人的答案也不管用。比如，你觉得这篇文章在人文伦理讨论中没有表达到的点有哪些？请解读你所看到的数据，分析和自己的现实生活有何联系？

有很多中国家长觉得外国孩子学的东西比中国孩子简单，其实这真的是一种误区。先看看 Daan 作为一个从事体育的孩子，在中学里的课程列表。

语言类必修课：荷兰语、英语、德语和法语（Daan 选修了西班牙语，因为他非常喜欢西班牙的足球俱乐部，也常去那里集训度假，想为自己今后铺路）。

其他必修课：数学、物理、化学、生物、历史、地理、经济学、信息学（计算机和网络）、社会学、绘画、音乐和手工。

体育类课程：一般体育、专业体育（这是从事体育的孩子额外要修的）

这些课程并不简单，但很接地气。经济学，可能就是观察一支股票或是写个小的投资计划，音乐课则是自己作曲或是像 DJ 一样串烧歌曲。学英语，除了课本内容，最重要的是两三个月看一本当代英语的畅销书，依此考试。老师不是指定一本英文小说来读，而是开个 10 本书的单子，孩子根据简介选一本自己感兴趣的来读。从这里也可以看出，平时考试的个体化强，因为孩子们连选书都是不同的，考试内容肯定也不同。孩子们一年大概能读 3~4 本英文原著。我也常去借阅孩子们的书单，从中挑些自己喜欢的来读。有时恰好和孩子选到相同的书，就一起阅读和交流。比如，美国著名的青春小说作家约翰·葛林的《寻找阿拉斯加》和《纸上城市》我都是和 Daan 共同阅读和讨论的，很开心难忘。

有必要说一下，Daan 所学的这些不算荷兰具有学术思维想做硕士博士的孩子们要达到的水平，那些孩子要学的理论会更深入，光语言类还要加上拉丁文，理化、文化、社会学的逻辑和分析批判教育也会加强很多。

虽然 Daan 读不到那个水平，但只要按照他自己的能力来，并从事喜欢的体育，完成自己的人生使命就可以了。

给孩子选择教育模式，不是赶时髦

有一回，我看到一位家长听说蒙台梭利教育模式在国外办学甚广，不去了解其理念也不管适不适合，就给自家孩子报名就读了。后来效果不好，她就 180 度大转变，说蒙氏教育骗人，奉劝其他家长别让孩子参加。

这又是走入选择教育只求唯一"最好"方式的误区。教育选择，不是赶时髦，更不是跟风，得对孩子和教育思维两方面都有认识，再做规划，关键是根据孩子的实际情况来做选择。

蒙氏育儿的宗旨是"对生命的协助"，主张给孩子提供合适的环境和工具，给予其安全感、爱和信任，让他们自己探索，从而协助其发掘和发挥内在的潜能。蒙氏育儿批驳的是，认为孩子是大人"教会"的这种观点。这种成人育儿的"优越感"，成为孩子成长过程中最大的障碍物，大人要么帮孩子做很多事情，要么自以为是地阻止孩子行事，这些都没有起到"协助生命成长"的作用。

但蒙氏教育和任何教育体系一样，会有其不足。比如，蒙氏用各种工作区的秩序环境，培育孩子的专注和自立，但缺少了幼儿天性的启发和自然随性的嬉闹欢快感。

蒙氏用几百种道具来给孩子营造自主和有利的感官刺激，但多样是优点，也是弱点，就是这些工具限制了孩子打破框架的好奇心、探索欲以及想象力。

参观过蒙氏学校的人都知道，孩子们非常安静，自律，懂得协同合作，遵守规则。但如果你的孩子是个特立独行，喜欢建立规则，推陈出新，突破固化思维的人，那么选择蒙氏就会显得沉闷了，孩子的独创性和通过交流改变现状的能力可能会受到某种压抑。所以说，虽然蒙氏有自己的优势，但也并非适应所有人。

教育，需要针对个案，有的放矢和对症下药，这才是因材施教。在选择教育方式中，可以结合互补一些模式，也要允许"试错"的可能性，多尝试多体会，才能增进对孩子能力的认识。

教育不是精神崇拜，应该多些批判和怀疑

在国外众多的教育模式中，绝对不会特别推崇某一种理念，而是提倡百花齐放。不是中国人才不满意自己的教育，在欧美，人们更是不断批判和思考教育体制和方式。他们认为，教育、医疗、政府，本来就是要通过批判来监督，并持续改进的。

教育不是精神崇拜，原应该批判多一些，不该有感恩和唱颂歌的心态。只有在批判中，各种教育的利弊才能被透明公开地讨论，增强大众对此的了解。很多新兴的教育，就是看到了曾经教育方式的不足而诞生的。

比如，最近一些西欧国家在探讨"大混龄"班级的教育方式，顾名思义，就是不同年龄段的孩子同班受教育。其实，混龄教学早就应用在很多教育模式中了，刚才提到的蒙氏教育就采取3~6岁的孩子混班的方式，为的是模拟真实社会中，不同年龄的人在工作和团队中的互动。

而目前的"大混龄"讨论的是在孩子更大之后，把混班的年龄差再加大，比如从已有的8~12岁或10~14岁混班，变成12~18岁混班是否可行。人的大脑和行为发展，在12~18岁间，并非明显按年龄进程递增，所以传统的按年龄分年级的办法导致了很多对孩子评估的失误。"大混龄"教育中，增加了个体化的教学进度和跨年龄互动，不失为一种会新的探索方式。

当然，这个办法还在讨论中，没有定论。你若问这个方式好不好，我无法回答，我只想说，多一种选择，多一种解决问题的方案，就是好的。

最后，用我的一位读者妈妈的留言来结尾，她是位有着睿智开放心态、兼容并包的妈妈，把我想传递的意思表达得很到位：育儿确实有很多流派，有

时还互相打脸，但我们作为家长应该有自己的判断，从各种信息中吸取对自己（或孩子）有利的经验，不能今天看这个观点觉得好，照着做；明天看到另外一个观点（可能与昨天的相悖），你就改变教育方式了。最终原因，还是你自己对教育没有深入研究，抓不住重点，内心不坚定，容易跑偏。其实，在教育方面，尽管流派众多，文章无数，你自己要做到心中有数，只要能给孩子提供自由宽松、充满爱的环境，采取什么方式都可以。我倒觉得大家在教育孩子方面都要畅所欲言，这样才能给妈妈们提供思考的机会，去鉴别，去发现，最终找到适合自己的教育方式。

放手让孩子做他们喜欢做的事

要让孩子有良好的动手能力，逐渐学会一切独立自理，最好的办法就是放手让他们做自己感兴趣和喜欢的事情。

很多家长对此有个误区，就是总以教导者的身份，很刻意地教孩子做事。比如，不管孩子的兴趣在哪里，就让孩子进厨房做菜洗碗或大扫除，与父母一起做家务。

这本没有什么不对，但是一定要多了解孩子的喜好。孩子只有对有兴趣的事或是与家庭活动互动多的事，才会学得快，动得勤，并且有成就感，事半功倍。

对孩子动手能力的培养，不应该是为了让其成为父母的小帮手。恰恰相反，父母从孩子出生起，就要作为孩子成长的协助者，帮助孩子成为自主自立、自信自强的人。孩子无论是学厨艺还是修电器，都要依靠家长做孩子成长的推手和帮手。

所以，家长们不妨把目光打开点，如果孩子对厨房的家务事没兴趣，无

113

需勉强或是觉得孩子不勤快。孩子不喜欢和爸爸一起洗车，没准愿意和妈妈一同上超市；孩子不愿意学做饭，没准愿意烤蛋糕。其实，别把目光局限在家庭之内，家长会发现，还有很多事情，可以培养孩子的动手筹划力。比如，制作一次家庭旅游计划，淘宝给爷爷奶奶挑个按摩椅，参与自己玩具柜的挑选和组装等。这些都是欧美孩子从四五岁起，就在不同程度参与的。这些事情，都能让孩子建立多重学习和处事能力。

就拿我们家的孩子来说，他们喜欢筹备家庭聚会派对。这是一个复杂并且考量很多的任务，从中能建立起来的不仅是孩子的动手力，还有洞察力、金钱预算力、艺术音乐鉴赏力、餐饮选择力、统筹协调力、社交能力等总体素质。

荷兰的派对传统

我们所在的荷兰，是个派对国家，一年四季、春夏秋冬，各类大中小型派对，在海滩开的，在体育馆内开的，游船上的，酒吧里的，私人的，公共的，主题的，随意的，应有尽有。

荷兰的孩子从小就开始体验、参与、筹备和享受这种派对文化。派对大体分为两大类：私人家庭派对（如：生日派对，家庭聚会）和公共社交派对（买票进场的主题派对或纯消遣派对）。荷兰的私人家庭派对，不仅仅是大家聚在一起吃吃喝喝，聊聊天就算了，很多家庭派对对派对主题、餐饮、着装和音乐的要求很高。比如，很多私人派对会请 DJ、乐队、歌手等来表演。

拿一个孩子的生日派对来举例，在荷兰这边，家人朋友都很喜欢参与孩子的成长，所以派对邀请的亲朋好友比较多。再加上孩子自己的同学朋友及其家人，一个派对大人孩子加在一起经常会有四五十个之多。在派对里，除了共同分享的时段（比如大家一起唱生日歌，吃蛋糕），大人和孩子还有各自的活动和交流范围，大家尽情享受和朋友相处的机会，做自己喜欢的事情，而不是大人围着孩子转，或是孩子只能听大人的安排在大人眼皮下行事。

大人在筹划派对时，会让孩子列出自己在派对上的活动要求，比如想打游戏的、想体育运动的、想听歌跳舞的各有多少人，饮食有何具体要求等，再一起讨论要怎么安排空间和准备设备。但这种倾听绝不是给孩子"漫天要价"的机会，大人也会告诉孩子需要考虑的因素，如交通安排、经费预算，以及派对结束之后的清理整理等。这种讨论其实就是让孩子能够耳濡目染，逐渐培养起对聚会统筹安排的意识和能力。

派对从预算、采购、节目安排全由俩孩子统筹

我先生家是典型的荷兰大家庭，家里亲戚的孩子非常多，特别喜欢聚会和派对。每一次都会指定 2~3 个家人来筹办。

有一次，我们准备办一个只有 10 个家人朋友的小型烧烤会，统筹这次派对的任务落在 12 岁的 Vivian 和 10 岁的 Marcus 姐弟俩身上，我是这次聚会的成年人协助者，我婆婆则是聚会的发起者和"赞助商"。

虽然是一个非常简单的派对，可我还是见识到了先生这个家庭里孩子们的独立和规划能力。

我们四个人在聚会前两周开了个小会，敲定客人名单和预算。婆婆讲了一下她那边的客人名单，姐姐 Vivian 说想邀请一个自己的同学，于是我们写下了 10 个列席的人名和联系方式，两个孩子马上说会致电确认出席和告知当日安排。

客人名单确定，接下来该确定饮食了。大家最终讨论认为电磁炉烧烤最合适，婆婆也给出了预算，100~150 欧元搞定。也就是说平均每人 10~15 欧元预算，牛猪鸡肉、虾、三文鱼、蔬菜、饮料这些都要有。

婆婆说话时，俩孩子都认认真真地做着笔记，然后说会去询价。

姐姐 Vivian 对弟弟 Marcus 说："你最会算给每人预备的餐量，到时候你算清楚，我们照着你算好的买。"Marcus 拍着小胸脯说没有问题，再次向我婆婆确认了客人对饮料和肉类的喜好，就散会了。

两天后，孩子们来电话说，客人都已通知并确认出席，而且他们已经到几个超市看了价钱，计算了之后，平均一个人 8 欧元饮食预算（含饭后甜点），再加 2 欧元饮料就够了，也就是说平均每人 10 欧元预算。精明的 Marcus 还是要求能拿到 120 欧元总预算，即每人 12 欧元，以备不时之需。我婆婆很满意，爽快给钱。

派对计划里竟还写明席间谁要讲笑话

作为成人协助者的我，主要任务就是检查孩子们制订的派对计划，提出改进建议，并在最后购物的时候开车帮助运食材。

拿到孩子俩的派对计划，我真的感叹他们的周到细致，除了食物和饮料之外，他们还写明了饭前、席间及饭后的背景音乐，席间谁要讲笑话，饭后哪些人清理桌面，哪些人准备甜点等。

我费尽心思，才提出了一个小建议：Vivian 在她制作的派对邀请函里，需要注明客人停车的指导以及衣物间信息，方便客人到了之后挂衣服和存东西。

派对当天，我按照指定时间接上姐弟俩和他们的一个朋友，一起去超市买东西。

Marcus 拿出几份详细的购物清单，开始分派任务："你们照我写的量买。姐姐这给你，你负责肉类；你负责蔬菜；你负责酒水和酱料；我自己负责甜点和剩余的东西。"俨然一副大人样子，完全不用我操心。

大人收拾桌面，孩子奖励大人甜点

可以想象，我们的派对很愉快。

席间除了大人聊天之外，孩子们轮流给大人讲故事、讲笑话。

吃完了饭，该上餐后甜点了，按照 Marcus 的安排，大人的任务是清理桌面，把碗盘收到洗碗机里。

他说："我们三个孩子筹办了派对，要去楼上稍微放松一下，我们会放我们喜欢的音乐跳一会儿舞。你们收拾桌面。15分钟后我们下来，给你们收拾桌面的奖励就是我们为你们准备的饭后甜点。"

美味的甜点吃完后，我婆婆对她这些孙儿们的表现非常满意和骄傲，提议全家给孩子们热烈鼓掌以示感谢，一派欢声笑语。

在派对后的对账会议里，孩子们开始报账，总共花费106.90欧元，而且孩子还给我结算了2.30欧元的汽油费（按照油价和公里数算的），是我接他们和运食材的费用。

我说油费我就不要了，可孩子们执意让我收下，说："如果我们自己坐公共汽车操办这些东西，要来回3趟，我们算了费用一共要12.8欧元。有你开车既帮我们省了钱又省了时间，我们非常感谢，不能让你再花油钱。"

最后，Vivian还贴心地给她奶奶列了个清单贴在冰箱上，上面写着没有吃完的食材以及它们的过期日期，提醒奶奶要记着吃。

这场聚会到这里就结束了，我不需要再替孩子们收尾，客人不需要我送。连我以为派对散场后，大人默默清理现场的工作，也早在孩子们的"甜品诱惑"下完成了。我这个助手，还意外赚了2欧元的车马费。

培养孩子的创造力，不能无方，但求无为！

创造力，是指想象力、独创性、思维发散力、解决问题并产出成果之能力的综合素质。它不仅是艺术、设计方面的创新，也体现在科学、社交、生活情感体验与资源整合上。

创造力，在欧美国家已被纳入幼儿教育的基本能力培养重点之一，被誉为是"通向一切成功和快乐的钥匙"。

研究证明，有创造力的人，思维灵活，擅于化解矛盾，解决问题，更能感知和协调周围的新事物和变化，从而发现机会、建立联系，适应性和幸福感更强。

创造力，不是天生的，而是养成的！

如何培养孩子的创造力，成为许多家长关注的重点，说简单点，**就八字箴言：不能无方，但求无为！**

无为，是指不要用成人的思维教条化地干涉孩子的奇思妙想。

如何让人心甘情愿地吃下烤糊的饼干

那年Julie只有八岁，学校的亲子活动日，要求孩子自发设计饼干的样式，与家长合作把饼干烘烤出来，想好卖点和广告词，拿到学校搭好的"饼干店"去，看谁的饼干最受欢迎！

我婆婆是Julie的合作者，我自告奋勇加入她们，一来觉得这个活动有趣，二来想跟着学学烘培。Julie的设计主要是在饼干的模子和烤好后的点缀修饰上下功夫，了解她的意图后，在婆婆的带领下，我们分工行事。

很遗憾，不知是黄油用量还是烤箱温度没有控制好，饼干烤失败了，干散伴着点焦糊，原本打算的饼干点缀无法进行。学校的活动还有一个多小时就要开始了，我们没时间重烤。大家都很失望，寻思着怎么办！

我自作聪明地建议了个"歪"点子：我去糕饼店买些饼干吧，反正拆了包装谁也看不出是不是咱烤的？再在饼干上加点修饰，不就完美了吗？拿到学校肯定混得过去！

我婆婆急了："这不是骗人吗？让Julie以这种方式做事，老师同学知道了，都不会尊重她的。"

Julie说："不，我不骗人！没烤好，最坏的结果，不就是没人吃我的饼干吗？用买的饼干充数，就算卖得多，我也不会开心的。老师说，这次活动主要是烘培设计、亲子合作和卖点宣传。我们可以想想卖点啊！"

我也意识到自己的方式太自欺欺人，挺惭愧的："就是，谁都会犯错，就拿糊的去卖吧，不过怎么宣传呢？"

我婆婆说："要不我们用奶油旋个花盖住饼干，看不出是糊的！"

Julie品尝着烤失败的饼干："干吗非要遮住糊的呢？遮住了还是吃得出来！其实味道并不糟。蔻蔻，你在什么情况下会甘愿吃糊了的饼干？"

"有时，我烤饼干失败了，就自己把烤糊的吃了，不想让别人承担我的错误！"我说。

Julie 突然得到灵感："你犯的错，你愿意吃下去？对，谁都会犯错失误，不如咱们就用这些糊饼干来代表现实中的'错误'，销售词就用'吃下你的错误'，谁吃了这种饼干，就象征清零后一切重来……"

我婆婆挺赞同："好！咱们押韵点，'吃下你的错，一切重来过'，怎么样？"

就这样，我们打着"吃下你的错，一切重来过"的广告词，用略带焦糊的饼干参展。

孩子们都觉得 Julie 的想法新奇，根本顾不上去吃那些烘烤精致美味的饼干了，都凑到我们的"摊位"前，争抢着那些烤糊了的饼干，像玩游戏似的叽叽喳喳。

"这个大点，我吃了，代表吃下个大错误，万事大吉！"

"我吃这个小的，代表以后连小错也不犯！"

很快，我们那些歪七裂八的饼干被一扫而空，成为当日最佳"卖家"！

我深深叹服，孩子凭借创造力的巧思，换一个角度，竟能反败为胜！

谁说睡着觉不能赚钱？

很多时候，成人对事情的解读会不自觉地陷入循规蹈矩的僵局，阻碍了解决问题的途径和看待世界的方式。孩子反而不拘泥，有种天然的灵性。此时，我们要放开思维，理解并支持孩子！

荷兰女王或国王生日那天，举国欢庆，有一个传统，是王室送给民众的礼物，即每人都能在所在城市划定的区域里，摆摊买卖东西，进行表演，当天的收益全归个人所有，不用交税。

有一年女王日，一个年仅 5 岁的男孩，在阿姆斯特丹街头，仅用一小时，净赚 2500 多欧元（约 2 万元人民币）。

可能你不会相信，这孩子用了个极简单的方法赚得这笔钱：在大庭广众下睡觉！

据说这小男孩的爸爸常念叨儿子打瞌睡：你以为一天到晚睡觉能学到东

西，能挣到钱吗？

听多了，孩子就反其道而行之地想，睡觉难道不能赚钱吗？

他问妈妈："我的强项就是随时能睡着，睡得很香，如果我表演睡觉，别人会不会给我钱？"

妈妈没有打击儿子的积极性，顺着他的思路："那得有好多人看你睡觉，才会有人愿意给钱吧。我们试试女王日，那天的人多。还有，你知道在公众面前睡觉其实很难吗？咱们得做好准备，也得练习！"

于是，女王日那天，孩子就在阿姆斯特丹街头的一张长椅上铺了软垫，睡下了，旁边立着牌子：睡着觉，也能变有钱！

荷兰女王日，街头人潮涌动，来往频繁，一个五岁孩子可爱的睡姿和边上的牌子，让人忍俊不禁，构成一道引人注目的"行为艺术"。人们纷纷向孩子睡椅前的盒子里撒钱。我那天两次经过这个孩子，每次都为他的睡态可掬送上 5 欧元，共 10 欧元。

我在晚间的电视新闻里看到对孩子和妈妈的街头采访，得知来龙去脉。孩子妈说，完全没料到能收入这么多，起初只是想陪儿子玩玩。小男孩也说，原想得到百八欧元能买些玩具就很开心了，谁知成"富翁"了。

当然，孩子的创造力，不是家长听之任之就会自然形成的。培养创造力，不能无方，而是得合情合理有分寸地进行！

一堵五颜六色的扣子墙

在 Julie 的小学里，孩子们拉扯玩闹，衣服上的扣子常掉落。清洁工捡到就放在一个纸盒里，以备失主回来找。扣子越积越多，清洁工就与老师商量，想找个妥当的方式处置。

大家都不愿把扣子丢弃，觉得说不定会有人需要它们，老师索性成立了个"扣子项目"，让孩子们集思广益，商量出安置办法。

老师提出要求，用一个简便又直观的方式存扣子，谁想找扣子了，可以自行其是。

一个男同学的方案脱颖而出：把扣子放入一个个透明的玻璃糖果罐里，在学校公共活动空间的墙上安几排板架，将这些盛着五颜六色扣子的罐儿放在架子上陈列起来。谁需要扣子，直接在各个扣子罐里找；谁捡到扣子，往扣子罐里一放就好，省事方便！

如此一来，各色各样的扣子被放在罐子里，浑然便捷地自成一格。学校的"扣子墙"逐渐变成了一件艺术品，扣子的增减，伴着新鲜的变化组合。有的孩子们没遗落扣子，也会扯下扣子，贡献给"扣子墙"。

这绝对称得上是一种成功的"可持续性创新产品"！

老师在发掘孩子创造力上，就用了"有方但无为"的理念！

在整个设计过程中，老师给了明确的游戏规则，在满足要求的前提下，孩子们自由发挥。几个方案出台后，放到桌面上一起讨论，哪个好，为什么好。

比如，另一个孩子也有"陈列扣子"的概念，但她的方案是将扣子一排排钉在旧牛仔裤上挂起来。这虽然也有一目了然的美感，但多了道钉扣子的程序，会麻烦很多，不如"扣子罐"易于操作。

孩子们选出最佳方案后，既学到设计背后的考量，又有参与感！

如何做到"有方无为"？

要做到"有方而无为"，得对创造力形成的基本规律有一定认识。

孩子的创造力，并非仅指与艺术相关的造诣，也体现在科学逻辑方面；更不是非要从无到有发明什么大物件，而是散落在生活的平常微小处，点滴可见。"扣子墙"就是个用创造力解决日常问题的案例。

人人都具备创新潜能，虽然创造力的程度和维度各有不同，但只要找到正确的方式，每个人都能在其知识体系和认知模式内，发展形成自己独特的创造力和创新表现。

大量研究发现，培养创造力最重要的，不是单向的技巧学习，而是有意

识地与周围的人和物建立联系！

建立联系，首要的，是强调在日常生活里与成年人和同龄人的互动，包括，人与人之间的信息交换、比较权衡不同的想法和行动、解构矛盾、包容异议、通过谈判化解冲突等。

建立联系，在知识和技巧范畴，是指举一反三的能力。它要求孩子能在引导下，逐步学会扩展理解力和观察力，把这个领域的知识点延伸到其他领域。

只有建立联系，才能有发散思维，在信息碰撞中产生新的想法和行动方向，即为原始创新力！

举个例子。

很多人认为学习绘画就能让孩子有创造力，其实不然。学画画，能让孩子具备绘画技巧，但这不是创造力，很多孩子只学会了临摹。而有的孩子，就算不会画画，却具备联系结构、图像和空间的能力，有设计想法，能解决生活中的问题，这才是创造力。

引导孩子建立联系，也就是为孩子营造创造力的环境和氛围，可以遵循以下六个原则。

第一，从小处着手，从兴趣开始

找到并鼓励孩子的兴趣是发掘创造力的起点！让孩子从小处着手，增加对生活的感受力！

比如，给孩子表达自己各类想法的时间；跟孩子讨论周末计划，问孩子想做什么事情；用餐的菜品搭配也可以与孩子商量；不时问孩子有哪些心愿，商讨如何达成；等。

这些都能打开孩子的思维和行动力，也能了解和激发孩子的兴趣。

家长可以给孩子提供创造和玩乐的空间，但更重要的是让孩子明白任何空间都能成为其创造的环境，无论是花园草坪、游乐场、卧室、厨房，还是一个不起眼的角落。

第二，开放式提问

孩子有新的想法，不要轻易否定，避免用定向的墨守成规扼杀了孩子的创新思维。不要评价孩子的想法的好坏，而是针对其想法多问一些开放式问题，如：

你准备怎么实施？

你想到几种方案来做这件事？

我能为你做什么？

你需要什么帮助和材料？

第三，过程重于结果！做孩子创造力的旁观者，而非仲裁者

不用太在意孩子是否达成了目标，多关注孩子实施创造力的进程。

科研显示，若家长更注重孩子的认知过程，而非他们取得的成果，孩子的创造力会得到更明显的长驱发展。因为如此一来，孩子更容易平和地理解过程中的经验细节，打开思维。

父母做个旁观者就好，不要对利弊优劣仲裁，对孩子的行为横加干涉！

第四，做孩子创造力的帮助者，而非执行者

孩子想做什么，让其自己动手动脑，家长不要代办。帮助孩子准备材料，看着孩子练习，提出建议，就可以了。

第五，容忍分歧，鼓励不同

给孩子机会表达各类想法，甚至是分歧，他无需同意你或任何人。培养孩子用多个方式解决同一个问题，让孩子了解，任何局面都会有多种可能性和选择。

第六，支撑创造力的品格

自信心、好奇心、坚持性、同理心、感知力，这些都是支持创造力形成的品格，要综合培养。

很难想象，一个没有自信的孩子，敢于表达与众不同的创新想法。所以家长要在平日鼓励孩子说出想法，并允许其犯错，肯定其进步，帮助其建立自信。

关于孩子创造力的五大误解

有人说：世界上所有美好的食物都是创造力的果实。

故此，孩子的创造力，在欧美国家已被纳入幼儿教育的基本能力培养重点之一。在中国，这一问题也已引起广泛关注，但我们对它的认识还存在着不少误区，科学地理清关于"创造力"的真相和规律，是培养创造力的第一步！

误解一：创造力是天生的

很多人认为创造力是一种天生而稀有的禀赋，觉得大多数人生来就没有创新细胞。

其实，科学研究早已证明，创造力可以通过后天的教育、引导、鼓励去发掘和培养，每个孩子都可以找到并形成属于自己的那份创造力！

创造力不是天生的，而是养成的！

误解二：创造力是一种仅和艺术相关的能力

由于创造力常与艺术创造产出的作品（如，绘画、音乐）相关联，所以很多人误认为创造力仅是一种艺术造诣。

其实，创造力绝不仅局限于艺术领域，它广泛体现在科学、社会、情感、日常生活等各个领域。

看看创造力包涵哪些元素，就不难理解其维度和广度了：

• 想象力

• 独创性

• 思维发散力：通过发散性思维持续产生各种不同观点和想法的能力

• 解决问题的能力

• 产出有价值的结果能力

这里的价值，并不是指经济价值，而是指社会、情感和影响力这类软性价值，包括生活体验、资源整合、感知和协调周围的新事物及变化，从而发现机会、建立联系。

误解三：学艺术，就能学会创造力

在把创造力和艺术造诣挂钩的错误认知下，曾经诞生了学习艺术就能学到创造力的培训方式。但是，近年来大量的研究和观察结果表明，通过学习绘画、音乐等艺术，并不能提高孩子的创造力。

创造力不是"学成"的，而是"养成"的！

学习一种艺术技能，有时反而会因针对性过强而局限了创造力。因为重复练习，孩子把艺术技巧变成重复性的例行公事，缺少情感共鸣，更何谈创造力？

而"养成"是指一种综合能力的培养和发掘。

比如，孩子自信心的培养，虽然不包含在创造力的元素里，但是有自信的孩子，会更大胆地发现不同并敢于表达出来，这是创造力的催化剂！

误解四：应该在玩乐中培养创造力，而严肃认真会扼杀创造力

虽然，游戏和娱乐有助于孩子在舒适的氛围中发现其创造性，但一定要把握"自我放纵"和"轻松认真"的界限。

其实，创造力形成和产出的过程充满了对孩子品性和习惯的挑战。它需要专注力、坚持性和决心来达到最后的成功。现实中，这个过程常伴随着沮丧和挫败，并不都是愉快的。

所以，创造力的培养过程，是严肃而认真的，并非是松散的喜悦！

误解五：创造力和知识无关

很多人误认为，创造力是凭空想象而形成的，不需要知识和技能来达成。

一方面，循规蹈矩或教条化地强调知识和技能，的确是阻碍创造力的。但另一方面，知识和技能却是创造力的基石。

对现有世界和外部环境的认知，是孩子掌握游戏规则、界限从而去创新的起点，而认知是在孩子的知识结构逐步建立后才形成的。如果没有技能，孩子如何具备基本的能力和素质来达成创造力呢？如果没有知识去理解周围的事物，又谈何独创性和解决问题呢？

所以，知识的积累和技能的学习，对孩子的创造力非常重要，只是要把握好运用知识的灵活性和教条性之间的平衡！

跟小猫说对不起

我同事 Max 夫妇带着他们四岁的女儿 Sarah 来我家做客时，蔻妈蔻爸刚好在荷兰度假。

金发碧眼胖嘟嘟的 Sarah 很讨蔻妈喜欢，蔻妈做着饭，也不禁时不时地转过脸看看 Sarah，赞叹一句："太可爱了！"小 Sarah 也特别配合，对蔻妈甜甜一笑，说声"哈喽"。不过 Sarah 的注意力并不在蔻妈身上，而是在我家的猫咪 Marley 身上。

Sarah 和 Marley 追跑着，到处洒满了笑声，她不断与大家分享与猫咪的互动：

"妈妈，Marley 刚才舔了我的手指头，好痒啊！"

"爸爸，我比 Marley 跑得快，你看到没有？"

"蔻蔻，Marley 藏到床后面去了。"

我家 Marley 野性未消，她会对你和善，但若你让她不爽，她必反击。Sarah 就不小心踩到了 Marley 的底线，她紧紧抱住猫咪不松手，说："Marley，

127

我要和你做好朋友……"话音未落，Marley 拼命挣脱，返身就是一抓，Sarah 白嫩的手指上立刻出现一道血印子，鲜血直流。

随着 Sarah 放声大哭，蔻妈蔻爸既心疼又自责，一边安慰 Sarah，一边对 Marley 连吼带喝，把猫追打到另一个房间去了。

看到我父母对猫大呼小叫，对 Sarah 连哄带抱，并对 Sarah 父母一个劲儿地道歉，Max 和太太反而觉得特别不可思议。Max 起身礼貌地制止了我父母对 Sarah 长吁短叹的抚慰，打开房门，把吓得不轻的 Marley 从另一个房间放进客厅，轻轻地摸了摸 Marley 的头，说："好了，Marley，没事的。"然后又对我父母说，"这不能怪猫，是 Sarah 没有找到与 Marley 合适的相处方式。"

我和 Sarah 妈妈一起帮孩子消毒伤口。Sarah 妈妈没有表现出任何的慌乱和担心，也没有给 Sarah 特别的关注和同情，她只是在处理伤口的整个过程中给 Sarah 传达相关的事实描述和提醒：

"Sarah，把手伸开，我们要把血清理干净。"

"Sarah，你的伤口不深，过几天就会好了，不用紧张害怕。现在，得用酒精给伤口消毒，你会感到疼，但只有这样才能杀菌并且让伤口更好地愈合，你要勇敢哦。"

Sarah 的伤口处理好并包上创可贴后，蔻妈建议快带孩子打被猫抓咬的预防针，但 Max 夫妇拒绝了。他俩看了 Marley 宠物护照上的疫苗纪录，觉得 Marley 是家养猫，也按时进行着良好的卫生护理，所以没必要去打针。

Marley 被整个氛围弄得很不安，小心翼翼地在客厅里走来走去。Sarah 的哭声减弱，已平静了不少，她有点胆怯地注视着猫，哽咽着问："妈妈，Marley 是不是不喜欢我，不想跟我做好朋友？"

我正想告诉 Sarah 不是这样的，我们都喜欢她，话还未出口，就见 Sarah 妈妈走到女儿面前，紧紧地抱住 Sarah 不松手。Sarah 觉得很不舒服，扭动着身子挣扎着推开妈妈："妈妈，干吗把我抱那么紧，我都要喘不过气了。"

Sarah 妈妈反问女儿："是吗？你也觉得抱这么紧很不舒服，对吗？那你刚才那么使劲地搂抱 Marley，你觉得她享受吗？猫不能说话，只有努力逃跑或反抗，你觉得她过分吗？"

Max 也接着说："Sarah，你如果用一种让朋友不快的举动去宣示友谊，还指望别人或是猫咪接受你、喜欢你，是不是太强人所难了？你要想和 Marley 做朋友，就得了解猫的习性，尊重她的喜好和感受，找到让彼此都适宜的相处方式。"

Sarah 听完，若有所思地看了 Marley 好一会儿，接着向猫咪招了招手："Marley 好，你能原谅我吗？"

Sarah 转过脸来："我赢得 Marley 友谊的方式，就从向她招手问候开始吧。"

Sarah 接着问："蔻蔻，你知道怎么用猫的语言说对不起吗？"

"我不知道怎么用猫的语言说对不起，但很多东西除了语言还有其他的表达方式。Marley 喜欢吃这个，我们可以一起喂她，你也可以摸摸她的头。还有，Marley 和所有的猫一样，喜欢别人抚摸她脖子下面，要是发出呼噜噜的声音，就表示她很舒服愉快。不过，猫咪不喜欢被人拉扯尾巴、揪耳朵或是紧紧抱住限制行动。"我教了 Sarah 几招。

Sarah 点点头，接过我递给她的专门给猫咪吃的糖和零食，尝试接近 Marley 去喂她。Marley 吃着，她就轻轻摸两下 Marley 的头，也不多摸，还自言自语地说："我就在旁边看，不烦你。我吃糖的时候也最讨厌被人打扰了。"

之后，Sarah 试着抚摸 Marley 的脖子，看着 Marley 闭眼伸长脖子陶醉其中，发出愉悦的呼噜声，一副享受状，Sarah 特别开心："Marley，原来呼噜噜就是你的笑声啊。"

经历了这一切，蔻妈先是感慨外国孩子的皮实和家长的放手；接着是不解为何孩子被猫伤了，没人赞成打猫，结果还让孩子给猫道歉；最后是在目睹事态发展后，叹服于这种孩子和动物相互尊重的教养方式。

我们都忘不了，Sarah 被抓伤后，在父母的引导下努力寻找与猫咪恰当的相处与和解方式的样子，未干的泪光依稀挂在她的脸庞，她却微笑着，举起那只手指受伤并缠着创可贴的小手，向小猫招手问候。

现在拥有宠物的家庭越来越多，无论是在国内还是欧洲，常常能看见遛狗散步的人们。家长领着孩子路遇别人的宠物，有的孩子见到狗或听到狗叫，会害怕；也有一些孩子特别喜欢小动物，想去亲近。

一些中国家长过于保护孩子，见孩子怕狗，立马带着孩子躲得远远的；就算孩子想和狗玩，不少家长也会制止："别过去，小心，它会咬人哦。"

而欧洲的家长在看到孩子因为狗叫声而胆怯时，则会试图讲解："不要怕，狗狗叫并不是想伤害你，有时它们叫，是示好和打招呼；有时它们叫，是宣示它们的领域，从它们摇尾巴的方式和眼神可以看出来。但你如果对着狗大叫大嚷乱跑，反而会引发它们的攻击性。其实，狗是很可爱的，它可以跟我们做朋友。"

欧洲家长也不会刻意阻止孩子对动物亲近，而是教孩子怎么做才恰当，"你也觉得这只狗很可爱，对吗？但你可不能随便去打扰它哦。你应该先去问问它的主人，能不能摸它，怎么和它互动，这样才有礼貌。"

其实，欧洲家长的做法是试图帮助孩子建立一种对生命平等的珍视和尊重。

有了尊重意识，首先保护的就是孩子自己。孩子若由于无知而对动物产生莫名的恐惧，留下心理上的阴影不说，还会给生活带来诸多限制。一个怕狗、怕鬼、怕妖怪，什么都怕的孩子，是无法建立起自己与外界的平衡和安全感的。告诉孩子动物的习性及人与动物的相处模式，更能让孩子理性地认识动物的攻击性和亲切感，知道互动的界限在哪里，从而更懂得保护自己。

还有，尊重和关爱生命，不是把人凌驾于动物、植物之上，而是平等体谅地善待一切生灵。哪怕示好，哪怕照料，也要在了解别人的喜好和舒适范围后再行动，对人如此，对动物、对花草树木也该如此。

道理听起来很大，不过做起来也不难，从小处着手即可，从对待亲人的和善语气和耐心起步，从了解动物的脾性上心，也可以像小 Sarah 一样，赢得猫咪友谊的方式，就从向猫咪招手问候开始。

挣钱是快乐的事

　　一些家长有一种很矛盾的思维：一方面希望孩子有本事挣大钱，可与此同时，又把积累财富的重担全部包揽，认为"父母辛苦挣钱是为了帮孩子把钱攒够，孩子大了就不用为挣钱疲于奔命、委曲求全"。

　　天下父母心，本无可非议，但我总觉得这有点本末倒置。若希望孩子有本事挣钱，侧重点应该放在培养"本事"，而不是避免"挣钱"。

　　我不禁要问，挣钱是一件苦不堪言的事吗？挣钱，难道不能是快乐的吗？

　　授人以渔，胜过赠人以鱼。能让孩子在生活、工作和挣钱中得到乐趣，远比帮他把钱挣得盆满钵满有用。

　　挣钱和工作是苦还是甜，取决于自己的定位是否对接到了才尽其用的平台。如果你的工作不仅是挣一份工资，更是找到了展示才能发挥创造力的舞台，那你一定会持续快乐的。

　　身为父母，应该帮助孩子从小到大不断认识自己的能力和定位、强项和短板，让其懂得发挥这些才能自食其力和创造财富，是快乐和骄傲的事。

　　许多家长在孩子年幼时，将孩子与挣钱绝缘，念叨着："你现在专心学习，把心思多放在课业上，别操心钱的事。学习好，有了本事，不愁以后挣不来大钱。"

　　这句话里的逻辑漏洞是，挣钱的本事和学习的能力不见得存在因果关系。而且，学习和挣钱不是相互抵触的，完全可以共存。孩子为什么不能从小就自己操心如何挣些钱呢？

　　欧美的孩子很小就开始挣零花钱理财和创意筹款了。社会和家庭都认为，孩子不能惧怕或逃避挣钱，挣钱的本领，需要培养；挣钱的乐趣，不能剥夺。人只有跟金钱保持合理适度的关系，才能做金钱的主人，而不是仆人。

　　欧美国家是商业社会，很多日常事务都是商业性的，那么为自己的事筹款，是很重要的能力。就拿体育运动来说吧，孩子会列个预算，把球衣球鞋以及教练的指导费都算好，然后去为此筹钱。参加奥运会的运动员都是从小自己找训练团队，依靠赞助商支持这么一步步走过来的。

　　Rafael 11 岁那年，足球已踢到了较高的水平，加入了荷兰知名足球俱乐部的儿童队还被选为队长。队长的其中一项职责，就是要为团队的赛季球衣和饮料等筹款，找到愿意资助这些项目的赞助商。

　　Rafael 回家谈起这事时，我诧异怎么会让这么小的孩子筹款。那时我还有很多中国人对待金钱的观念，觉得筹款不就是求人要钱吗？那不得装孙子受气吗？于是，我立马给孩子解围，说我会让我先生的健身中心来赞助，我们本来就是为运动员提供订制服务的健身会所，对接点很合适。

　　Rafael 爸爸建议 Rafael 跟我先生把筹款的想法具体约谈一下。谁知面谈后，我先生居然把孩子拒绝了。我觉得自讨没趣，这是他家亲戚，家人间相互帮个忙，让孩子早点完成任务，不很正常吗？

　　我致电给 Rafael 和他父母，心想对不住孩子，干脆我来找赞助或者我自掏腰包赞助。谁知 Rafael 一家完全没有不开心，还特别感谢和我先生交谈后得到的启发。Rafael 被拒绝的原因，是他们俱乐部的赛事和我先生的健身中心不在一个城市。就算在赞助球衣上打健身中心的广告也不能赢得很多客户，因为人们都喜欢在离家较近的健身中心做锻炼。

后来我明白，这不是小气，在他们看来，无论是商业还是慈善，都要达到必要的宣传目的，按照市场效益来衡量利弊选择，而非亲戚间的人情账。只有懂得游戏规则，孩子才能真正学到财富之道。否则，哪个家庭能永远给孩子保驾护航呢？

Rafael 轻松地对我说，自己了解到了赞助者的心态。他已在网上把自己俱乐部所在城市的健身中心做了筛选，会去跟选中的几家谈筹款；而且俱乐部成人队有常用赞助商名单，Rafael 也会去商谈，看这些赞助商是否愿意赞助儿童队。他妈妈还建议他联系一些政府和慈善组织，看看有没有通过合作换赞助经费的办法。

两周后，Rafael 告诉我他已经搞定了所有筹款。球衣被附近的健身中心赞助，饮料被荷兰银行的幼儿体育基金赞助。额外的训练费用，被一所针对儿童自闭症的诊治中心赞助，要求是 Rafael 带领儿童队每周去该中心和自闭症孩子们踢一小时足球，因为运动有助于这些孩子的身心健康。

Rafael 对此很自豪也很开心，我们看着他写画的筹款方案，为了谈筹款制作的幻灯片，由衷感到了他在仅仅两周间学到的东西和取得的进步。

Rafael 的哥哥 Rainer 喜欢打篮球，年年入选荷兰国家少年队。可惜荷兰的篮球氛围和训练水平远不及足球，为了提高自己，15 岁的 Rainer 联系了一位西班牙的篮球教练，想去那里特训 5 天。西班牙是全欧洲篮球业发展最好的国度。特训是需要钱的，Rainer 算了一下，路费、食宿费、训练费，还有一双球鞋的费用，加起来要 800 欧元（合 6 千元人民币），而他需要自己筹措这笔钱。

对于很多中国家长来说，给孩子出 6 千元人民币旅游是小意思，何况是支持孩子训练。一个总月收入为 3 万人民币的中国家庭，愿意给孩子花 3 万人民币参加暑期出国游或夏令营的比比皆是。但是一个总月收入合 20 万人民币的欧洲家庭，让父母给孩子花 1 万人民币旅游，他们绝对会觉得太多了。

这是对钱的观念及社会整体支持度而导致的不同。我们习惯先央求家人，无果才会寻求外力。欧洲恰好相反，都是先在社会公共渠道找支持，最后才是家人。

Rainer 和 Rafael 的父母月收入可以达到合人民币 40 万，经济实力很宽裕。但对儿子 Rainer 提到的 900 欧元费用（800 欧元特训 +100 欧元机动零花），夫妻俩只承诺给孩子资助 400 欧元，剩余的 500 欧元额度得在暑假到来之前的两个月自己筹集。

Rainer 可以选择打工，但他的时间不允许，他得上课学习，课余要训练，周末要打比赛。按他的话来说，自己必须以智取胜来筹钱。

Rainer 有个能力，特别擅于看能源报表。在欧洲，水电气费选择哪家能源公司，每年如何做优效排列组合，可以省下很多钱。他家的能源合同，是他从 8 岁就开始介入，12 岁起就全权管理的。但很多家庭不像 Rainer，随时关注能源价格起降，会无故支付过多的能源费用。Rainer 决定帮亲戚或邻居重新规划能源合同，要求在省下的钱中抽 30% 作为报酬。

Rainer 利用休息时间，分别帮我先生的公司、我家，还有几个亲戚邻居家看能源合同，做更新计划。他仔细查阅和比较信息后，我先生的公司，按照他的方案一年可以省下 1600 欧元的能源费。也就是说我先生公司平时不管不顾，每年多花了很多不必要的水电气费。如今根据 Rainer 的建议，就算分给孩子 30% 的佣金 480 欧元，比以前还能省 1000 多欧元。我家的能源合同也不合理，但是不如公司的消耗大，一年下来能省 200 欧元，分给 Rainer60 欧元后，他已经超额完成凑齐 500 欧元的任务了。后来其他亲戚邻居家的计划做完后，Rainer 筹到 1200 多欧元。他开心地告诉父母，无需提供资助了，他已独立搞定了一切。

顺便说一句，Rainer 现在固定的零花钱来源就是帮人做能源合同计划。除了帮亲友邻里之外，他还谈下了为一整栋老年公寓的不同老人住户规划能源合同。老年人对周遭信息的更新和追溯有障碍，很需要这样的服务。他在业内已颇具口碑，连能源公司的销售也会联系他，通过让利，让他推广一些能源计划。Rainer 也算同龄人中的小富翁了，享受着创造财富的快乐，所有的钱都是自己凭能力挣来的，也没费很多工夫。

旁观着这哥俩成长，我越来越放心，这应该是所有家长想要的感觉。没人愿意看着孩子长大，却一天天越来越为其担心操心。

如果我们隔绝了孩子与财务的义务，只是单方面地给予金钱，那么孩子对钱的认识是模糊的，对钱的态度是暧昧的。没钱的时候，他们会笼统地归因，钱可以解决所有问题或是钱造成了一切矛盾；而有钱的时候，他们会因不劳而获而不懂珍惜。

孩子能想办法解决问题，或是找到适合自己的筹款挣钱方式，会让他们越来越自信和自主，从而愉快并且理性地看待金钱。除此之外，孩子在筹款过程中，还能去发掘和锻炼自身其他的能力，更广泛地认识自我。如果想让孩子掌控财富，何不让其从小接触金钱来去之道，感受到挣钱的快乐？

如何培养孩子的金钱观

以"小国大业"而闻名的荷兰，其举国文化就是"通商和赚钱"，荷兰人绝不掩饰自己的爱财之心，赚钱之道。那么，在荷兰父母的耳濡目染中，在整个社会的影响下，荷兰孩子的金钱观念是怎样的呢？

"再给你 42 欧元？对不起，我做不到。"

中国有不少父母，只要自己力所能及，绝不让孩子吃苦，甚至孩子闯祸了，也不惜用金钱和自己的关系网，以确保孩子的人生能一帆风顺。可在荷兰，父母都不刻意避免让自己的孩子受挫折，也少有父母会用钱来帮孩子摆平问题。

我一个荷兰朋友 18 岁的女儿读大学一年级，荷兰大学的教科书不强制购买，学生可以选择向图书馆借阅。这女孩为了复习方便，还是花了 42 欧元买了这本书，可在考试前一周她把书弄丢了，于是她决定向图书馆借书应付考试。

她预约在第二天上午十点前去图书馆拿书。考试季节需要借书的人很多，图书馆规定如果谁没有在约定时间取书，那么书会马上顺延给后一个预订者。

而她偏偏在取书的前一晚参加一个派对疯到凌晨，第二天睡过头，误了取书的时间，赶去图书馆时，馆存的书已经全部被别人借阅了。

于是她回家后，向爸爸再要 42 欧元，否则她没书考试肯定过不了。她爸爸在听完事情经过之后，斩钉截铁地拒绝了她。顺便说一下，她爸爸可是个亿万级别的富豪，42 欧元对于他来说完全不是事儿。他拒绝女儿的理由是："你把自己的书弄丢了，已经是三心二意不负责任的表现；而该去借书的时间你又错过了，再一次不负责任，不遵守承诺。发生了两次这样的行为，你应该接受教训，承担后果。你还想指望别人帮你清理现场？"

当时我在边上为孩子说话："可孩子没书考试就过不了，她已经知道错了，就给她买书吧。"结果他对我也对着他女儿大声表明态度："她这次最坏的结果只是过不了一次考试，可是她如果没有承担这个后果并且消化它，她以后就会过不了很多人生的关口。看起来只是一本 42 欧元的书，可是背后是比 42 欧元的书严重得多的责任感和规划性问题。她今天这样，觉得家人有能力为她承担这'42 欧元'，如果我们帮她，她今后可能因为缺乏责任感自律性，要承担'4.2 亿欧元'的问题时，谁来管她？"

结果当然是没有给孩子买书。孩子当晚哭了一场，很快就振作起来，自己想办法解决问题了：她和另外一个有书的同学谈好，一起复习功课，当同学不用书而复习其他材料时，每天借给她看两小时的书。每天两小时的阅读，无法让她考到一个好成绩，但是她至少考试及格了。我想她应该一辈子都会记得这次经历。

孩子出生后就给办银行卡

和中国人一样，荷兰人喜欢存钱理财。荷兰父母从孩子很小就开始带着他们共同储蓄理财，孩子出生后的第一件事情，就是给孩子办张银行卡和一些长期理财的基金计划，一般到孩子五六岁的时候，父母就会教他们使用网络银行，和他们共同探讨理财的计划了。因此在荷兰的家家户户里，不难见到父母和孩子一起坐在电脑前梳理账目、讲解商议计划、探讨方案的情景。

当然在这个阶段，孩子关心最多的是他们的零用钱该如何处理，是全部存起来，还是分成几部分做不同用途？父母会和他们一起分析利弊。有时，父母也会带孩子一起去银行咨询理财计划。

荷兰的银行，有很多约见客户的小会议室，里面都放着很多让孩子一目了然的理财玩具和工具，比如很萌的分类存钱罐、卡通图解的理财玩具等，孩子可以像下棋一样做一些排列组合，然后得到理财得失的答案。

等孩子长到十二到十四岁，这张卡基本上就能交给孩子了。因为荷兰的银行卡都是一卡两用，活期账户和储蓄理财账户捆绑在一起，孩子可以自由使用活期账户提款或刷卡，可是储蓄理财账户的钱是无法擅自动用的，这样既保护了理财的延续性，又可以让孩子自由支配一些钱。

总之，凡是和孩子的钱有关的事情，荷兰的家长很早就让孩子一起参与规划，而有了这些锻炼，孩子总会从似懂非懂逐渐形成一些金钱观念并学会对金钱的管理，另外，通过和孩子几年的交流，父母对自己孩子的金钱处理和分配方式也会有一定的认识和了解。

值得一提的是，在荷兰家庭的交流里，家长会不时把"慈善"理念灌输给孩子。孩子们都很有同情心，在他们账户的每月花费里，总有一部分是他们自愿定期捐助给需要帮助的人和动物的，比如每月 1 欧元捐给非洲教育机构，让女孩子也可以读书；或 50 欧分捐给动物保护组织，可以让一些发展中国家的驴不负重劳动等等。孩子们也会整理自己的玩具衣物捐献给宗教组织，用来帮助穷困的孩子。

让孩子自己做活动预算表

荷兰孩子对钱的态度是"务实和精细"的。我主要是指荷兰小孩并没有把从家人处取得经济支持当成理所应当。

比如，从小学开始，荷兰孩子的校庆活动都是孩子在老师家长的协助下自己组织，一般模式是家长和孩子互动的文艺演出和体育比赛。活动的经费预算都是孩子通过团队合作方式自己制定。

老师一般会指定 3 个小组来做预算，一个小组 2~3 个孩子，然后 PK 性价比最高的预算计划来执行。为了被选上，孩子会严格根据活动流程制订一个最划算的详尽计划。活动如果需要请人编排舞蹈，搬运东西，孩子一般会找亲友帮忙，但他们不会把家人的帮助当成"零成本"。对亲友投入的时间，车马费都会算成基本的成本投入。

有一回，因为我任职的营养公司有很多展会留下了不少饮料，我就赞助了老公侄儿校庆活动的所有饮品。后来我看到孩子在预算上清楚注明"所有饮品为 ××× 赞助，市值 ××× 欧元，请明年作预算的同学把这笔费用考虑在内"。

这种做法很理智，很现实，可想而知孩子们做预算的态度从小就是明晰的。如果把亲人的时间和金钱投入当成无偿的，在经费的成本预算上就会有偏颇。

先自问买它的三个理由

荷兰父母并不把金钱和物质占有进行直接关联。如果孩子看到一个很贵的东西想买，有些中国父母会很生硬地拒绝："那么贵，没钱买。"这种方式虽然直接，但有一个弊端就是孩子很小就会认为自己的愿望无法达成完全是钱的原因，这样的心态对以后的生活态度很不利。

而荷兰父母更多的是和孩子探讨对这件东西（如玩具，衣服）拥有的原因和必要性。他们会问孩子："你为什么喜欢这个啊？""你给我三个想拥有它的理由。"

在这种看似简单的分析交流中，孩子会更理性地对待这个事物，对购买它的必要性也会有更明确的认识。这种思维方式和逻辑的建立，可以更好地帮助孩子学会思考和审视，分析和考量，对日后孩子做任何决定都有帮助。

一些童言无忌的孩子会看着广告说："我以后要送我女朋友钻石戒指！"国内的一些父母会马上说："你要送女朋友钻石戒指，那你就要有钱，想挣钱你就要好好读书。"如此一来，还没有分析该愿望的实质和必要性，父母就把愿望和钱以及学习成绩简单地挂钩了，这样虽然没有全错，但逻辑不完全成立，会给孩子误导和压力。

荷兰的父母一般会这样说："为什么是钻石呢？她可能喜欢也可能不喜欢钻石呀。送女朋友东西最重要的是送她喜欢的，你要花时间和心思去了解她，发现她喜欢什么再送。"

以谈判契约的方式来获取、分配和管理金钱是荷兰人的强项，也影响着荷兰人所有的日常生活模式、思维习惯和对孩子的教育。荷兰人看重钱，但不滥用钱，不夸大钱的力量，对金钱的态度是平和的，那么孩子对钱的态度自然就会是理性的。

小伙伴借了我的钱不还，怎么办？

家长们都越来越关心孩子的"财商"，对此的各类培训体验活动也层出不穷。无论是带孩子参观银行办卡、到证券公司敲钟，还是制订些孩子参与的家庭理财计划等，其内容都大同小异，很形式化，解决不了什么实际问题。

我见到最实用的"财商"训练，是荷兰针对孩子办的专题活动：**如何要回小伙伴借走不还的钱？**

一般来说，若孩子回家向父母抱怨，某位同学借了自己的钱赖账不还。

大部分中国家长的处理方式很简单，就一句话：以后别借钱给这种人！吃一堑，长一智！

说实话，真没觉得这是"吃一堑，长一智"，不就是"吃一堑，认倒霉"吗？还非要自我安慰成"赔钱买教训"！除了舍财和不爽，到底这"一智"长在哪儿了？

很多时候，我们遇到的不是一个人反复向你借钱，而是不同的人分别找你借钱。

抱着不再借钱给特定某人的态度，并没得到"转败为胜"的成功经验，再次遇到他人赖账的状况，依然是哭天不灵、骂地不应的"认栽"？

虽然我们很喜欢钱、也很在乎钱，但在中国文化里，不善于谈钱讲价。别说孩子了，大人遇到借钱这事，要不回来都是常有的。我们对"人情债"是前思后想顾虑重重，但"经济账"总别别扭扭不好意思算。

很多人日常的理财观念大有问题，不是被动地"守财"，就是狂放地"投机"，没树立一个正确理性对待金钱和债务的态度。

孩子能从小被训练，并有意识地具备和掌握处理债务的能力，是非常重要的。

这不仅是个单纯"借钱还债"、"吃亏认清人品"的事儿，而是以后面对投资借贷的理性分析态度。

市场金融经济下的社会，理性地借钱举债，已经成为工具，并不可耻；而还钱模式也有很多选择。

试想一下，我们储蓄，就是借钱给银行并收取利息；我们做投资组合，也是放债获利；我们买房开公司向银行贷款，说白了都是跟"借钱"相关的话题和考量。甚至，我们跟老板谈加薪或是与客户商讨提成，也都属于财务处理、借贷分利的状况。

孩子应该从借钱给小伙伴并想办法让其还钱的过程中，学到现代金融和债务结构处理以及谈判的方式。

我陪孩子参加完"如何要回小伙伴借走不还的钱"主题训练课之后，自己觉得受益匪浅，更别说孩子了。

这是一个通过实境角色代入表演加案例分析的培训。除了讲授"借贷"理念的定位，最重要的是确立"还钱方式及种类"和"帮助他人还钱"的意识。

最要明确的观念是：借钱不是救助，而是帮助！

帮助是双向的，借贷双方是合作关系而非对立状态。

债权人和债务人之间应该是相对平等并有法律或规矩制约的理性关系，

而非一方占便宜，另一方给压力的情绪联结。

既然债务关系产生了，债权人和债务人之间的需求和责任义务都应被了解。

债权人把钱借出去是希望以财生财的，或是帮助朋友渡过资金危机。而债务人除了理清自己借钱的用途和必要性外，也得了解债权人的需求和利益点，从而明确"借钱"是有代价和要承担义务的。因为没人借钱出去是心甘情愿给人"填窟窿"，既然在社会上借贷要有义务，那么在亲友间也该如此。

这个观念从小树立起来，最起码连孩子也会知道，不要把"钱情搅在一起"，既然有债务关系，就是一个立规矩履行责权的谈判协商过程。

在借钱出去之前，首先得评估借钱的必要性！

在培训实境模拟时，孩子们遇到最多的就是同学借钱买零食或是玩具，他们要学会在做决定之前，问清对方借钱的理由和还钱的可能性。

比如，A 很爱吃巧克力，已经吃到过量了，家里给的零花钱用完了，就找朋友 B 借钱买。那么 B 可以问问："你妈妈一周允许你吃多少巧克力？"

爱吃巧克力的 A："3 板巧克力。"

B："那你吃了多少了？"

A："5 板。"

B："今天是周三，你吃完了 5 板巧克力，已经超出妈妈的规定了，对吗？"

A："是的，但我还想吃！"

B："你是用零花钱买到多吃的巧克力吗？"

A："我这周的零花钱已经用完了，我是找同学 S 借钱买的，你也借钱给我买吧，我下周拿到零用钱就还你们！"

这一通问下来，孩子借钱出去要做的考量就集中在以下几点：① 是否帮助一个违反家庭零食规定的同伴继续违规；② 是否借钱给已经有债务的人；③ 是否相信透支下一轮零花钱还债的方式。

无论决定是什么，孩子需要这种思考流程来确定双方要承担什么责任和后果。

至于成人世界的借贷理由，我们碰到最多的是对方说资金周转有问题，需要钱救急。这种情况下问问题的方式，不见得就和"透支零花钱买巧克力"的考量有多么大的不同。

资金周转不是小事，因为资金链断了，或者破产，别不分析情况就去"填坑"，最后赔了钱违了规，不但没解决问题，还闹得双方都不愉快！

此外，孩子要明白自己有没有监督还钱的能力，如果没有，就要重新定义借钱方式或决定是否借钱。

比如，有个孩子才 5 岁，她说闺蜜找她借 1 欧元去买糖，买回来也和她分着吃了，说是下周才能还钱，可她自己今天的事明天就忘了，更别说下周提醒人家还钱了。

这种情况，可以引导孩子思考一下，是不是在某种金额内，不需要用"借钱"模式而是用"出钱分享"的模式。毕竟，亲友间适度馈赠也是常有的事，只要确定一个额度限制，量力而出即可。或是，孩子若觉得自己没有监督还钱的能力，干脆不借钱也行。如此可促进孩子分析自己的实力，对力所不能及的事说"不"，也是自我认识的方式。

有了这种对债务观念的理性认识，和提前评估借钱必要性的思维，孩子才能真正在不断地询问和思量中了解财务和举债的细节，做出合情合理的决定。

还钱的方式和种类很多

在商量如何还钱的时候，不妨把现代金融体系里的借贷观念和方式纳入日常借还款行为。

比如，还钱的期限是多久，一周后，还是一个月以后？是分期还，还是一次性还？是否加利息或是只还本金？是否需要债务公证人和额外的担保费用？是否需要抵押？

孩子一旦明白还钱的种类很多，很快就会上手使用。

　　培训活动里，一个孩子借出了 15 欧元给朋友 Q 买表。他在做决定之前仔细询问 Q 的零花钱给予间隔和财务状况，商量出先一次性还 5 欧元，之后每周还 2 欧元，直到 15 欧元还清的办法。至于利息，孩子说不需要，但朋友 Q 每周要把表无偿借给自己戴一天。也有孩子制定出，本金下学期（5 个月后）一次性还，但之前每周付少量利息。其实这已有买房时，不还本只还息的放贷思维了。

　　孩子们大多都选择了自己的哥哥姐姐或是父母来担任公证人，起个监督作用。出不起实际担保费的孩子，知道用劳动给家人提供方便的形式"出力"支付。

　　看孩子们讨论"抵押品"时，很有趣。

　　一个 7 岁孩子 Z 提出若无法偿还债务，就让同伴 Y 把一双鞋子给自己穿。给 Z 当公证人的 10 岁姐姐立马提醒："不行！你的还款期限是 3 个月，你的脚长得那么快，之后还不出钱来，就算得了鞋你也穿不了。这是无效抵押！"

　　在场的家长都乐了，惊叹孩子居然连"无效抵押"这个词都说得出来，所以千万不要低估孩子的处事和应变能力！

　　Z 另外提出了要把同伴 Y 的一个变形金刚玩具作为抵押品，Y 也按照之前学过的抵押理念，要求对玩具进行估值，他觉得变形金刚及其折旧后的价值，也远远超过他借钱的价格。

　　培训老师这时也对 Y 做了提醒，他可以就自己愿意提供的抵押品列一个清单，让 Z 在其间做选择，而他不愿被抵押的东西完全可以归自己保存。Y 立马说，变形金刚不列入抵押品，而提供了其他一些物品作为抵押选择。

　　好的教育，不是告诉孩子唯一正确的答案，而是给孩子提供更多的选择，使其明白解决问题的方式多种多样，借钱还债也是如此！

创造还钱的可能性

　　很多人不明白和忽略的一个观念，是债权人可以帮助债务人还款，即创造还钱的可能性。

　　培训课里提到的案例是荷兰 Alma（欧曼）国际公司，这是全欧洲最大的亚洲餐馆供货商。很多人想象不到，欧洲中餐馆的最大供货商是一家三代传承的荷兰家族企业。欧曼做到如此规模，除了产品组合量大，质量服务和文化共融外，最值得一提的就是对餐馆债务的处理。

经营餐馆，难免会有赊账和债务，培训债务人的还钱能力令其清债，远比将其划为"敌人"而认亏需要技术含量。

中餐馆的债务有经营模式陈旧造成的，也有经营者好赌偷懒造成的。欧洲有句笑谈"足球赛一结束，中餐馆就易主"，说的就是赌球输掉餐馆的老板。

针对这些情况，欧曼公司采取的方式，一直是合作而非对立！

比如，欧曼会对经营不善的中餐馆提供战略转型计划，并且垫钱资助其重新装修和培训，定位重组后使餐馆从亏损变成盈利。对好赌输掉餐馆的老板，欧曼会评估情况后，借款让其重整旗鼓；或是直接收购、转卖餐馆折现帮其平债，并给原老板提供在餐馆继续工作的机会。

欧曼公司也经历过有人借了欧曼的钱就卷款消失了，但之后赔光了钱又回来找工作。对这些人，欧曼大都会不计前嫌对其再培训，让其重新回到餐馆运营中，既可以持续培养和发展长期客户，又能让其逐步把以前欠的债还清。

欧曼公司并没有因为借钱而亏损，相反，它想方设法给债务人创造还钱的可能，从而最终得到还款，并且一直是行业带头人和富豪家族。

这个案例对我家孩子的影响很深，无论是在培训课上还是回家后，他都不断重复着学到的理念："**可能性，不仅是看到的，更是创造的！**""**不要只看到一堵墙，而是要走出一条路！**""**不要随意给人扣上懒人或烂人的帽子，而是要制定杜绝懒人或烂人的规矩**"……

有了理念做基础，他开始践行各种与人合作及帮人创造还钱可能的方式。比如，他会帮助借他钱的同学找一些打工的零活让其挣钱，或者资助借钱的同学做些生意来平债。

有一次，他同学借了他50欧元，还了15欧元后，有35欧元没法还。他知道这个同学暑期要和家人去香港度假，就决定做一笔"海淘"生意。他俩合计着在香港买 10 支某牌子的手表，然后提价卖给在荷兰的同学赚差价，价格依然比荷兰买的便宜。他在学校里发起了预付订购，很快就凑齐了保底的钱而不过多承担资金投入的风险。表买回来后，那位同学不仅还清了 35 欧元的债，他俩还共同赚了钱，更一直是好哥们儿。

我一度担心孩子"钻到钱眼里"耽误学习或是影响同学关系，但老师说孩子数学极好，又有领导力。因为以合作的方式借钱，和同学相处得很愉快，还常常赚了钱就请同学喝饮料吃东西，大家都喜欢他，觉得他善于助人。

这些经历，对我个人的触动很大，我自己也在不断调整，并以更开放的态度去学习和转换教养思维。

我曾受到的借钱观念，是"自力更生，尽量不借钱"或是"借出去的钱别指望还，就当打水漂"。我们私下里骂赖账的人是"骗子、小人、赖皮"，然后说"就当赔钱认清一个人"。

其实，在这种情绪里，我们什么都没有学到，也什么都没有处理。

在市场经济的社会，人人都要具备商业感。遇到问题，不应用负面情绪和咒骂来设置障碍，阻碍解决的可能性，而应以公平透明、平等合作的态度，打开交流渠道，分析问题，想办法处理。

我们得知道怎样（向亲友、银行、借贷机构）借钱，更得了解如何还款。

借钱或是还钱，与心胸无妨，与大方无关，无非是一种处理财务的能力和对此制定策略的解决方式！注意培养，让孩子从小真正拥有"财商"。

在商业化、市场化的当今世界，家长应该从小就放手让孩子承担财务责任，而不是包揽财务责任。在成长中，学会安排财务状况，交涉债务难题，孩子才会最终实现经济独立，财务自由！

第五章

"问题儿童"怎么对付?

如果孩子成绩优异但霸道强势……

担当意味着什么?

孩子班里的"熊孩子",该和他玩吗?

当孩子在学校被霸凌

……

如果孩子成绩优异但霸道强势……

朋友告诉我，她女儿 Gina 班里一个叫 Nora 的学霸女孩被劝退学了。

其实，依照某些传统意义上的"成功"定义，Nora 算是"天之骄女"。Nora 的丹麦父亲和立陶宛母亲都是律师，收入丰厚，家世良好。她的学习成绩名列前茅，兼学了七八种才艺，样样精湛。Nora 妈对女儿的要求极高，无论是功课还是爱好，都得出类拔萃，而 Nora 的确都做到了。

我不知 Nora 妈对女儿的期许，是不是因为她自己是移民的关系。身为移民的我，了解在异国他乡咬牙负重为争"出头天"的艰辛，和随时处在战斗竞争中的紧张状态。并不是每个移民都能寻求真实恰当的定位而放软身段，活得从容、放松、坦然。一些移民们对社会地位和事业成功志在必得，深谙跋涉攀援之道，不懂怡然静赏风景之美，从而不知不觉对孩子的教育也会以"优异完美"为标准。

这是一种选择，无可厚非，也不乏皆大欢喜的案例。但是，为什么 Nora 这样的学霸，会被某些标准尊崇为榜样，在哥本哈根却落得个退学的下场呢？

不难想象，Nora 要取得这些出众拔尖的成绩，个性肯定是争强好胜的。在欧美鼓励个性和特立独行的大环境下，强势并不是缺点，但得有限度。他人的权益和生存发展空间要被尊重，团队合作精神也是必须要具备的。

总的来说，Nora 是个知书达礼的人，对老师、家长和同学有礼貌。你若初次见到 Nora 并与其聊天，会不由得欣赏她，觉得她待人接物的社交能力和礼数非常到位，无可挑剔。这源于 Nora 训练有素的教养，甚至可以说是其优渥的家世背景令她必备的某种世故和心机，但这只是表象，并非是她真实的内在。只要和她接触时间一长，她的傲慢、专断，以及对同学们利益和价值的漠视就掩饰不住了。

从入学第一天开始，Nora 就在只有二十余人的班级里与同学间产生了数不胜数的冲突纷争。无论是与同学的共同学习任务、交流讨论还是玩乐游戏，任何事情都必须听 Nora 的，行事规则都要她说了算。Nora 没有合作包容的态度，从不考量小伙伴与她不同的想法和建议。性格懦弱、反应慢或是成绩一般的同学常被她打压和嘲讽。出了问题，她会找"替罪羊"并巧妙地规避自己的责任。全班每个同学都多多少少和 Nora 有矛盾。

我朋友的女儿 Gina，品学兼优，美丽自信，又是独生女，也是自我意识强、个性鲜明的孩子，再加上从小训练马术，喜欢驾驭，和 Nora 的"强强竞争"尤其严重。Gina 成了同学间唯一能跟 Nora 交涉辩论的孩子。

相较之下，Gina 毕竟不是个对他人的喜好需求不管不顾的人，她有原则和底线，不会去抹杀同学的价值。Nora 的语言能力极强，反应超快，能言善辩，偷梁换柱的诡辩技巧也足够，Gina 常在交锋时不是对手，扭转不了局势，对 Nora 无法制衡。Gina 也时不时因此变得沮丧和沉默寡言，一方面是被打击了自信，另一方面也觉得没有保护和帮助好团队。

Gina 的父母非常理解她，建议她扩充知识面，提升语言上的说服力，多团结有共同想法的同学，才能棋逢对手地面对冲突，捍卫权利，与 Nora 斡旋并找到与其相处的平衡点。

学校的老师和家长们都意识到 Nora 给全班带来的问题，在从 Nora 入学后到三年级的几年间，不断寻找各类解决方式和训练途径。比如，学校老师、家长和孩子们开了无数次交流会，分析情况，梳理情绪，制订解决方案；对弱势的孩子及家长安抚关注、鼓励打气；让 Nora 和父母就诊心理医生，寻求儿童行为发展指导；经常请处理儿童冲突问题的教育专家给孩子们上课，培训其解决纷争的能力和办法。

很遗憾，Nora 的性情和处事方式，并没有得到显著改善。

被劝令退学的导火线是孩子们三年级时的一次游戏活动。

如往常一样，只要是玩游戏，Nora 总要修改规矩。她会先否定一些既定条款，然后根据自己的喜好，无视他人的意愿去制定新的游戏规则。那次订出的新规则，可能会触犯学校禁令，同学们都反对，Gina 更是带头不同意。但 Nora 肯定听不进去，她自信凭着自己的聪明机敏，不会违规："只要你们听我的，怕什么？"

Gina 见状，决定和几个同学拒绝参加游戏。眼见一些畏惧 Nora 的同学已在她的吆喝下接受部署了，Gina 只得说："好吧，我希望一切顺利，但如果发生了不好的事情，你要知道你是'主谋'，得负起责任。"

Nora 不以为意地走了。

结果孩子们的违规行为被发现了，在去老师办公室解释的路上，Nora 把责任推到两个最先听她的指令并开始游戏的同伴身上。这两个孩子本来就胆小软弱，常被 Nora 呼来喝去当枪使，此刻更是吓得委屈地哭了起来，不知如何是好。

Gina 站出来，要求 Nora 不要推卸责任，承担该承担的后果。

Nora 愤愤地说："我只是指挥他们，我什么都没干，凭什么去认错？是他们自己笨。"

Gina 打了个比方："我们遛狗，狗拉屎了，主人有义务要清理干净，维护环境整洁。狗屎也不是主人拉的，但我们不也要负责吗？为什么听从你的决定,追随你的人,反而要帮你背黑锅呢?大家答应你,是选择信任你,你们是一个团队,要共同承受结局。你遇到事情就抛弃你的同伴,是不对的。"

Nora 哑口无言。

所有的同学都愤怒了,拒绝以不公平的方式被 Nora 如此对待。

在老师和校长的办公室,孩子们纷纷陈述着对 Nora 的不满和自身的压抑,人人深受其扰。接着,家委会介入,所有家长和老师开会商议,协调解决。

大家一致认为,孩子的性格强些、自主些或者有领袖风范气度,是值得肯定的。领导力,是一种令人凝聚并促发自身闪光点的正面能量。有冲突和竞争很正常,但竞争不是欺压,竞争应该是势均力敌的良性博弈。当分歧出现时,不是靠武力和威胁让人屈从,而是兼听不同声音,用言论表达和谈判思辨的能力,中和后说服大家,彼此相应妥协,最后通过理解互谅来让大家心甘情愿地接受实施方案。领袖的决断力,要和其承担力、责任心挂钩,要善于团结不同的人,并且提携保护大家。

老师和同学们普遍感觉,Nora 的方式不是领导力,而是用独裁的方式,霸道地凌驾于他人的价值和公共规范之上。Nora 唯我独尊,不懂包容不同的声音,不给弱者空间,破坏了班级里的合作与和谐相处。

于是,家委会和学校做了几轮讨论,决定全体家长们联名投票,裁定是否劝令 Nora 离开学校。

这是个两难的决定,天下父母心,将心比心,觉得将一个八九岁的孩子从学校请出去,怕给她造成阴影。但若听之任之,会继续对班里其他孩子造成负面身心影响。毕竟,家长和学校已经努力了几年,尝试了各种办法来帮助 Nora 以平等的方式融入大家,也引导过孩子们找到与 Nora 的相处之道,但是都失败了。

二十几位学生的家长,在针对 Nora 退学的投票中,绝大部分赞成,两三个家长反对,而五位家长弃权,不愿以这种方式决定一个孩子的未来,希望再想想办法,给 Nora 留些余地,多些宽容和时间。不过,少数服从多数,Nora 就这样离校了。也许,这个经历,会让 Nora 和其父母多一些自省反思,说不定在孩子今后的成长之路上，会坏事变好事。

学霸孩子被退学的事，展现了教育中的许多层面：学校师生和家长应该如何对待成绩优秀但目中无人和操控他人的孩子？孩子们强弱间应该怎样调和，强强间该如何竞争，团队间应如何并肩合作或处理冲突？

像 Nora 这样学习能力强，有企图心，擅长无数才艺，并愿意把任何事情都做好的"优等生"，在不同的教育思维下会被不同地对待。在把课业成绩视作重要因素的教育体制下，Nora 可能会相当受重视和保护。但在欧洲这个看重"协同性自强和共享关系"的教育系统下，Nora 却因其过强而被淘汰和边缘化，因为她不能和环境融合，并与同侪保持平衡关系和良性互动。

在欧美的心理咨询治疗中，有一种是针对培训极度优秀人才的，协调的就是专业能力超强但与人相处合作欠佳的人。的确，过度强势到缺乏对他人的包容体谅，是一种病态，需要帮助和治疗。不是所有"天才"的怪癖和自私都能被接受和原谅，当今社会是个网络多元化、互动频繁的时代，拓宽人类的同理心和协同力显得尤为重要。

美国著名经济学家和社会理论家杰里米·里夫金曾在他著的《欧洲梦》一书中谈到欧洲文化和教育秉承的目的，是让人获得自由，能够进入到与他人和自然之间无数种彼此依赖的关系之中。欧洲文化认为，一个人有途径进入越多的共同体，就有越多的选择权，广泛的关系带来的是包容性，包容性又带来安全。这就是现在人们经常提到的"互利、双赢"。

所以在教育孩子和发展自我时，我们要懂得尊重他人的生存发展。一个好的教育和社会，不仅要有强者追逐梦想的平台，常人提升自我的空间，更要有弱者实现心愿的可能。

担当意味着什么？

校长室外的走廊尽头，摆着一张沙发，给访客或是师生准备的。学校明文规定，沙发只用于坐着休息，孩子们不能在上面踩跳。一来沙发有专门的用途，二来摆放位置和沙发质地都不适合孩子跳，容易跌下来摔着或崴脚。

我朋友的女儿 Gina 六岁那年，违规了。老师发现时，Gina 正和同班的一个男同学把那张沙发当作弹簧床，开心地疯跳取乐。于是，两人被请去校长室。

在讲述事情原委时，Gina 委屈地申辩道："不是我！我知道这是不允许的！我说了不让他跳，可他不听非要跳，还边跳边不停地拉我上去一起跳，我拗不过才跳的。"

校长重申了规矩并告诫一番，就让俩孩子离开了。

Gina 的丹麦奶奶是学校的副校长，一辈子从事儿童教育，路过校长室时听到了孙女的辩解，也了解了来龙去脉。

回到家，Gina 奶奶和 Gina 妈说起这事，Gina 妈最初没把这当成个事儿，认为孩子违了点规，已被教导了，下不为例就好。可 Gina 奶奶却认为事情后面隐藏着一个不得不说的大问题，和违规无关，而是 Gina 事后推卸责任的态度。

和 Gina 妈商量并取得共识后，Gina 奶奶在晚饭后就此事和 Gina 交谈起来。Gina 说起进校长室时，难掩对另一男孩的责怪，认为被带累受训。

Gina 奶奶说："违规受训不是我想谈的重点，因为你对此已有认识。我不同意你被连累的说法。你们俩在一起玩，你是他的伙伴，也明白规矩。虽然你最初尝试阻止，但后来你明知违规，仍然在他央求后，决定加入他。如果你真要阻止他，我想他不会跳；或者你若没侥幸心理，遵守规矩，至少你自己不会跳。明明你做了'当同党'的选择参与其中，事发后却推卸责任，把错全怪在别人身上。知道吗，同伴一起做的事，有相互的分享，也有共担的责任。一出事就明哲保身，如此对待自己的朋友，你觉得对同学公平吗，对事情有帮助吗？"

Gina 如被说中心事般，从刚才的掩饰转变为一种真实的不忍心："我也觉得不该这样对待朋友，但我怕你们觉得我不是乖孩子了，所以……"

Gina 奶奶说："其实，做自己该做的事从而心安理得，绝对比当别人眼中的乖孩子更重要。无论发生什么，我们都会爱你，你要相信这一点。除家人之外，你也要学会赢得他人的尊重和友爱，为此，你必须懂得平等、承担、坚持和勇敢，而我相信你有这些品质。"

Gina 似乎多了些信心，说："是的，我明天要先去给同伴一个拥抱，表示我与他同在；再去告诉校长我也该承担的错误。"

Gina 奶奶搂着她，继续说："对，就是这样才叫担当。你知道吗，奶奶最不喜欢的一个行为就是，孩子们或是任何人遇事被问到'谁干的'，就说'不是我'来推诿。其实，犯了错或是承担错误并不可怕。面对问题，并不是去寻找'替罪羊'，而是大家能抱着开放的态度，分析事情原委，了解为何有些事情不能做，或是为何出现了不妥，从而清楚认识一切，并共同找到以后避免和防范的办法。成功时得到的认可，和失败时总结的教训一样重要！"

在学校生活、团队合作中，理性地分配任务，追问权责，共同承担后果，是必须要具备的成熟应对力。否则，自己定位不清，自识不明，消极怠工，遇事推诿，无法融入与人沟通协作的社会，令人生厌不说，关键是自己也不快乐。

培养责任心和承担力，是教会孩子与自己及外界的相处和平衡。

孩子班里的"熊孩子"，该和他玩吗？

如果你儿女班级里有个"熊孩子"，调皮捣乱，还时不时动手欺负人，作为家长，你如何教孩子跟这位同学相处呢？

大多数中国家长的应对方式不外乎以下几种：

父母：他欺负你没有？

孩子：没有！

父母：那就好！离他远点！

父母：他打你了？

孩子：嗯。

父母：告诉老师没有？他打你，你就要打回来啊！人不犯我我不犯人，人若犯我，咱们也不是好欺负的。

孩子：知道了！

父母：别再跟他玩！咱惹不起，躲得起。

这些中国家长选择的做法，是"隔离"式的，即，尽可能地将孩子跟任何"不良"的人、事和影响绝缘，以此来保证孩子世界的安全、稳定。

在国外定居后，我发现欧洲的家长对此的处理方式和中国特别不同。

欧洲家长在了解孩子之间纷争的原委，并讲解是非曲直后，常会追问孩子一句：**你明天还会和这个同学玩吗？**

在气头上或是受了委屈的孩子，直接反应大都是：不，我才不要和他玩！

这种时候，欧洲家长们的做法大都是劝说自家孩子要和"熊孩子"同学玩，理由并不是"同学间要搞好关系，相亲相爱"这类套话，**而是跟孩子具体分析如何与不同亲疏的人建立不同层次的关系、确立帮助分享的平衡点以及"孤立"的坏处。**

家长们会告诉孩子，当拒绝任何一种联系后，不仅是孤立了他人，更孤立了自己，而在不愉快中寻求某种适度的相处关系是更好的办法。同学间，根据性格习惯不同，总有关系更好的和一般的之区别，要学会找到跟不同人的连接点。其实，给予"熊孩子"的应该是帮助，而非冷落。让孩子有意识地帮助这类"社交障碍"的同学提升与团体的融入感，于他人有利，更于孩子自己有利。**这种方式对孩子成长过程中跟他人和外部环境的互动带来的正面效果是非常明显的。**

我朋友生活在哥本哈根，10 岁的 Gina 是她和丹麦老公的独生女。Gina 班里就有一个喜欢打人的女同学叫艾拉。

其实，艾拉很漂亮，生长在一个优裕的家庭，父母都是医生，但是因为工作忙碌，艾拉几乎是被家里的菲佣带大的。

不知是由于菲佣对小姐艾拉奉养般的溺爱，还是长期缺乏正常亲子间的交流互动，艾拉是个极度需要安全感和他人注意力的孩子。一旦艾拉感觉焦点没在她身上，就会动手伤人打人，好像想通过这种方式来得到关注。

这种时时发作的"社交行为失常和暴力倾向"，导致艾拉成了班里不受欢迎的孩子，但因为还没到问题儿童的程度，校方、老师和家长商量后，都决定引导孩子们接纳艾拉这种"特殊孩子"，并且帮助艾拉合群。

最初，我朋友 Gina 妈也是理所应当地用中国式办法处理。她问 Gina 有没有被艾拉打过，Gina 回答没有，并告诉妈妈艾拉打人也看人。Gina 是个自信漂亮很受欢迎的女孩，所以艾拉不会惹 Gina，而是去找"软柿子捏"。

Gina 妈听完后，放心了，觉得没打自己孩子就行了，一副不关己事的样子。

可 Gina 爸的态度不同，他依然就此和女儿进行交谈。

"Gina，你还会和艾拉做朋友吗？"

"不要，我讨厌艾拉的行为，我不要跟她玩。"

"那你想怎么对待艾拉呢？"

"我希望她离开我们班，能把她赶走就好了！"

Gina 妈听到这里，也觉得女儿说的话有点情绪太强了，准备制止女儿时，Gina 爸开口了："生活在这世界上的每个人，都有权拥有自己的位子。遇到不喜欢的人或是坏人，不是把他们赶尽杀绝，天下就太平了。如果你能想到办法，帮助他们与人为善或是融入社会，才是上策。艾拉，不是坏孩子，她只是有些她的问题。既然她不打你，说明你在某种程度上治得了她。那么，你为什么不想想办法，主动帮助艾拉呢？告诉她问题在哪里，指引她怎么能和同学们一起玩？今天发生的不愉快，我希望你能像翻书一样翻过去，不要耿耿于怀，明天依然把艾拉当成朋友，好吗？把精力花在生气上，是很无能也很无聊的。和他人有矛盾和纠纷非常正常，要学会通过沟通来改善。当你关上跟人交往的门，就等于把自己锁起来，限于孤立之地了。只知道抱怨和疏离，算什么本事啊？如果你能思考，找到处理解决不良局面的办法，才是能干呢！"

Gina 妈很赞同丈夫的做法，也身体力行这种教育方式，用"相互关照"的态度来引导女儿。

今年夏天，Gina 妈牵头举办女儿班里一年一度的周末露营活动。班里的孩子们会在 Gina 家的花园里搭上帐篷留宿，然后参加 Gina 家长设计出的一系列团队活动，有游戏，也有在花园后面的小森林探险等。

活动空档，孩子们有些疲惫各自在休息时，艾拉觉得无趣，伸手就打了班里一个木讷温吞的女孩玛莎，玛莎当时就哭了。

Gina 和同学们见状，立即聚过来安慰玛莎，并且异口同声批评艾拉不该动手欺负玛莎，让艾拉道歉。

艾拉又羞又恼，不愿道歉，在随即开始的森林探险项目中，赌气拒绝参加小组活动。

孩子们此时完全可以一走了之，把这个给大家带来不愉快的艾拉抛之脑后，可是 Gina 带头与大家商议，觉得不应该孤立艾拉。

孩子们都同意 Gina 的建议，叽叽喳喳地讨论着：艾拉之所以犯了老毛病打人，是因为希望吸引大家的注意力，可适得其反。而森林探险是一个增加团队协作的好机会，只有让艾拉参与，和同学们有了同甘共苦的共同经历，才能建立真正的体谅和相互分享。有了可分享的经历，才能真心地彼此关注。

于是，孩子们走向艾拉，邀请她参加活动。

艾拉气鼓鼓地说："我不去！你们都讨厌我，刚才都在指责我，我不要和你们一起！"

同学们没有气馁，继续劝说："艾拉，无论刚才的事情谁对谁错，我们留到明天再谈。现在，我们都希望你能跟我们一起去森林探险！一来，Gina 的家长费心安排了这么好的活动，我们对他们的感谢就是积极参与，不要辜负了他们的好意和准备。二来，我们在活动中会有很多有趣的经历，你不参加就体会不了，太可惜了。三来，也是最重要的，我们是一个团队，而你是团队的一员，我们不想和你分开，我们也需要你的帮助。来吧！"

孩子们拉着艾拉的手，艾拉半推半就地挪着步子，跟大家一起走向森林。

一个小时的森林探险活动结束后，Gina 妈看到孩子们唱着歌开心地走回了花园，边走边谈着经历的趣事。艾拉牵着同伴的手，蹦蹦跳跳地笑着聊着，浑然忘却了之前的不快。

孩子们对 Gina 父母道谢，吃着水果点心，准备就寝。

北欧的天空，暮色略显苍茫，艾拉趁大家不注意时，走向玛莎，轻声但慎重地说："玛莎，对不起！刚才我不该打你！我错了！我们还能是好朋友吗？"

玛莎点点头，握着艾拉的手，两个女孩拥抱在一起。

其他的孩子见了，也非常高兴地过来，相互拥抱，一派轻松惬意。

Gina妈看到了这一切，非常感慨，也为Gina和孩子们的处理方式感到骄傲欣慰。

当孩子们发现同伴被欺负时，能分清是非，站出来保护弱者，制止错误粗暴的言行；当大家该团结面对任务时，又能不计前嫌，一致用善意的沟通化解矛盾，不去冷落任何一个成员，最终用现代人理性的态度解决了纠纷，和乐融融地相处。

虽然，一次集体活动可能不能完全治好艾拉的暴力倾向和情绪问题，但是孩子们营造起如此宽容的环境和集体，想办法让艾拉重新融入团队，在伙伴们的接纳中，艾拉能认识到自己的错误，由衷地道歉，日积月累，相信一切定会越来越好。

Gina妈在看到孩子们的这些成长后，不断地跟我说，让孩子把心打开，接纳"熊孩子"同学，不是多此一举，更不是把孩子暴露在伤害中。事实证明，孩子能更好地体谅弱者，看清争议分歧，在换位思考中，建立同理心和处事本领，反而能更好地维护权利，保护自己。

的确，让孩子有同理心，不是一句简单的教条，而是要在日常点滴和冲突中逐渐学会面对和体会。

动则就把孩子跟"麻烦的人"或"棘手的事"隔离开，看似是保护，其实会让孩子的世界变得窄小狭隘。

人生中给自己的障碍设得越多，能拥有的空间和格局就会越小，选择和可能性也就越少，生活、工作、学习中能享受到的满足感和放松性也会随之降低。

电影《辛德勒名单》中,辛德勒和纳粹德国军官讨论何为权力,很多人认为"杀戮"是权力,其实真正的权力是"赦免"!

仔细想想,的确如此,任何一个人都可以去杀伤别人,而有能力去赦免他人罪责的人却屈指可数,一定是凌驾于上层建筑之上的。

同理,让人烦恼和生气,谁都做得到;而让人开心和愉悦,却非易事,要经过训练和意识转换才能达到。

宽容,是远比决裂要更高层次的能力。只有抱着容纳的心胸,才能解决问题。

就如 Gina 爸爸所说,当你关上跟人交往的门,也把自己锁起来,你就限于孤立之地了。只知道抱怨和疏离,不算本事;只有找到处理不良局面的办法,才是能干,才能成长!

所以,若孩子班级里有个"熊孩子",家长们别急着架起隔离墙,不妨试着多问一句:"你明天还会和他玩吗?"

当孩子在学校被霸凌

我家外甥女 Femke 六岁那年，在学校遭到了霸凌。

不知是不是因为 Femke 棕黑的头发和眼睛，身为荷兰和意大利混血儿的她被认为长得像中国人而受到讥讽。

有几个同学只要见到她，就用编好的儿歌对她嘲弄："Femke，中国人，黑头发细眼睛，真难看。Femke，中国人，没礼貌，乱吐痰……"那些孩子撕扯她的头发、推搡她，踢她的肚子。严重时，会把她刚吃的早饭踢到呕吐出来。有时在校园里，趁老师不注意，那伙孩子会把 Femke 一个人反锁在阴暗的储物间长达半个多小时。

我们发现后，马上去找校方和老师。

荷兰的每个学校都有一个针对孩子被霸凌的应对方案，包含对霸凌程度的分级评估、详细预警通报规定，和具体的处理流程。一旦遭受到霸凌，孩子和家长就应向校方报告，启动霸凌处理方案，对被欺负的孩子进行保护。

Femke 的状况被定为中级霸凌，对身心都已造成伤害。老师直接介入，召开三方家长会，由老师、霸凌实施者的家长和被霸凌孩子的家长参与，声明处理办法。对欺负 Femke 的那些孩子，老师和他们的家长会教育他们，严令其不能如此。在学校，各位老师也会对 Femke 的行踪状况进行密切监控，她不能离开老师的视线太长时间，否则必须要找到孩子，以防她又被关起来；与同学互动时，老师也会特别关照，避免有人刻意孤立她。

但是，这只是处理孩子被霸凌的其中一个环节而已，不能完全依赖。首先，欺负人的孩子不是被教育一下就能改正的；而他们的父母就算觉得抱歉，认为自己的孩子有错并批评了他们，也不可能随时跟在孩子身边制止孩子欺负别人。还有，这个学校的霸凌方案只能在校内和老师有意识的监控下实行，如果在上下学的途中或是老师一个疏忽，学校没办法管到，孩子依然会被欺负。

校方也意识到难有万全之策，所以会给家长推荐儿童行为心理学家和处理霸凌问题的专家，建议家长和孩子向其咨商，找到具体办法，疗愈孩子的创伤并走出被霸凌的状态。

第一次去心理专家那里，专家让 Femke 讲述一下被欺负的经历和自己的感受。

专家问 Femke："他们打你，你会应对吗？"

Femke 平静地回答："我不做应对。我任他们打，因为我打不过他们。他们打累了就不打了。"

我和我婆婆一听这话，眼泪就止不住下来了，Femke 妈倒还相对镇定。

Femke 继续说："其实我不怕被打，习惯了也不觉得疼。但是我最怕被关起来，黑黑的，没人理我。"

看着一个才六岁的孩子，小小的身影，弱弱的声音，那么认命地诉说她的遭遇，我们都心疼得发紧。

比起身体上的伤害，孩子更难接受的是被同侪孤立和隔离的冷暴力。我都不敢想象，她被关在黑漆漆的储物室里，那种孤立无援，度日如年。半个小时，每分每秒，对于她是多么漫长可怕，孩子要承受多大的心理恐惧和折磨啊。

遭遇霸凌对 Femke 来说是雪上加霜，因为当时 Femke 正处在自己人生中的一个转折点和适应期。她的父母刚离婚几个月，爸爸回到意大利，Femke 只有放假时才能与爸爸相见。妈妈离婚后换了工作，非常忙碌，Femke 常常是被我婆婆照顾，有时我也会帮把手。这些变故导致孩子闷闷不乐，成绩下降，于是留了一级。她现在所处的状况是，曾经的同学升级了，而她在重读，和比她小一岁的孩子们在一起。

其实，Femke 非常美丽，而且只要中国人看她，肯定不会觉得她像中国人。为此，我有些莫名的自责，我不知道，是不是因为我偶尔陪我婆婆去接送她，令嘲笑她的同学把 Femke 和中国人联系了起来。我不愿再去学校接她，怕人家看到我更会讥笑她是中国人。

我希望孩子早日脱离这种局面，建议能否告诉那些欺负 Femke 的孩子们以及他们的家长，Femke 没有中国血统。我过于简单地认为，既然笑你是中国人，你申明你不是就完了，况且你本来就不是中国人啊。

该想法马上被心理专家否决了，因为这治标不治本。霸凌有很多深层复杂的原因，要处理它并且重建孩子的信心，需要时间、耐心和正确的方法，不能为了杜绝某一因素，用偏驳的方式处理。澄清其血统和种族，并不是问题症结所在。还有，就算 Femke 是百分之百的中国孩子，难道中国人就该被歧视和霸凌吗？

专家分析，Femke 被欺负的最大原因，应该是因为她是空降的留级生。小孩子五六岁时，身高和体能在半年一年间的生理变化是很大的。Femke 比现在班里的同学年长了整整一岁，相较看起来，是个大块头。Femke 与自己的同龄人断代，与目前班里的同学都不熟悉，没有朋友，大家就把她当成个异类。在孩子的世界里，表达的方式有时会很直接而残酷，对跟自己不一样的，就排斥欺负。

和专家多次交流咨询后,在专家的建议指导和老师学校的协助下,在全家多方搜集参考处理孩子被霸凌的书籍和信息后,我们开始了一段陪伴 Femke 走出被霸凌经历的路程,其间有起伏波折,好在最后皆大欢喜。

总结这段历程,需要把握"三个原则"和"四个措施"。

原则一:绝对不能以暴制暴

儿童心理行为专家当时跟我们商量,当孩子受到欺负时,愿意如何让孩子反击,或是最大应对反击的强度能到多少?家长接受以暴制暴吗?

我们都不接受用暴力还击的方式。

儿童行为专家说,以暴制暴的方式是最不好,也是最无效的。

很多家长有个误区,一见到孩子被欺负,就让他们去学搏击,希望孩子能打回来,并且提高身体素质不再挨打。

但事实证明,这种方式的效果,不尽人意。

很多时候,被欺负一方本就是弱势,如我家 Femke,根本无力还击。就算学搏击,也要一段时间才能掌握,其间如何处理被欺负的问题?而且,学会搏击,就算打回来,也只是一时缓解,霸凌者会集结更多的人来,或是找更强壮的人来帮忙,怎么办?最重要的是,以暴制暴没从根本上解决问题,杜绝不了被霸凌的源头,反而会造成更多的伤害。

武力和反击并不意味着强大,只是饮鸩止渴。况且很多体格健壮的人,一样会被欺负。终结霸凌的方式,是从自身和心理层面入手,让被霸凌者站起来,建立自信。

最后,我们确立了用申斥立场的方式,这是一种友好但坚定的有效方法。

原则二:绝对不能用爱和保护把孩子孤立

专家跟我们讲,就 Femke 这种被霸凌的状况,不太建议转学或者家长接送孩子上下学的密集保护办法。

这是让当下的我觉得最不可思议的。孩子已经被欺负了,而且上下学路上是学校霸凌方案覆盖不了的最薄弱环节,我们做家长的不保驾护航,难道让孩子暴露在欺负中吗？

但专家的解释，说服了我。

① Femke 这种状况没有严重到不能自己应对。

② 转学的话，也是在这个片区，抬头不见低头见，依然会在路上和公共场所遇到欺负她的人。

③ 转学是一种逃避，没有解决问题。孩子本来就是因为空降到一个班级，没被接纳而受到排挤，难道能保证孩子去了新的学校和班级不会有同等的遭遇吗？

家和学校距离只需要步行 10 分钟，平时我们也只是偶尔接送下孩子，其余时间都是 Femke 自己上下学。专家建议我们依然保持现状，不要每天接送孩子，但可以远远跟随，观察状况，切忌让孩子发觉。

借来的强大，不是自己的强大。做家长的，一旦发现孩子遭遇不好的事情，就陪在她身边保护，那她自己永远无法在别人打她或是对她叫嚣时，培养起应对的态度。如果孩子没有建立起自我保护的能力，一辈子都有可能暴露在处理不了的危险中。家长不可能陪伴保护他们一生一世，孩子若没在跌倒的地方爬起来，被霸凌的阴影会伴随终生，甚至在长大后还会重复遭受不公平的对待。

Femke 面对的最大问题，就是无法融入同侪而被孤立。若家长接送她，就更让孩子孤立了。我们不能用爱和保护把孩子孤立起来，将她隔离在本应加入的群体之外。同侪的接纳和认可，对孩子的自我价值和认知建立非常重要。

原则三：培养孩子赢得人心的能力

我们希望，自己的孩子除了有亲人的爱之外，还能有爱别人和赢得爱的能力。所以，我们要培养孩子赢得人心的能力。

以暴制暴，是在孩子内心播下怨恨的种子。心怀怨毒的人，是不会幸福的。只有懂得爱，并能够获得爱的人，才会永远被温暖幸福包围。

有了这些原则，帮助 Femke 走出霸凌的措施有四个。

措施一：建立自信

孩子遭遇霸凌，学习强身健体的技能是有用的，但不是最有用的。最有效的方式，是让孩子认识到自己的存在感和建立自信心。

为此，要支持孩子多做些自己喜欢的事，发掘其爱好和兴趣，更多地了解自己的能力，跟孩子强调并肯定她的优点和与众不同之处，并去展现它们。

当孩子做着让自己愉悦的事情，对自己及所处的外界环境都开始有认识的时候，会呈现出一种气场和自信。柿子都是捡软的来捏，欺负别人的人是"看人下菜碟"的。当你的自信心提高时，言行举止都会不同，新的自我角色一经建立，欺负你的人就会有感觉，从而不再来惹你。

措施二：理解被霸凌的原因并用抗议表明立场

我们开诚布公地跟 Femke 聊她的情绪和感受，告诉她被霸凌的原因，分析危险和侵害来自何处。我们跟她讲，那些孩子会欺负她，是因为她与他们不同，年龄大一些，和大家没交集。在这个世界里，很多时候，当你被看成是异类，就会被抗拒排斥。其实，打压欺负别人的人，并不光彩也不强大，他们反而更需要帮助。我们可以帮他们看到别人的特色，教他们杜绝用拳头和谩骂来表达内心的不安。

我们让 Femke 不用怕那些人，不用不理他们或是刻意躲开，要站起来直面一切，用不同的方式应对不同的霸凌侵犯。

被嘲笑讥讽时，可以通过语言跟他们交流，问他们"你们叫我中国人是什么意思？你们很讨厌中国人吗？为什么呢？"。如果有肢体冲突，就把他们推开，大声制止并用强烈的语气表达抗议："我不喜欢你们这样子做！你们不要再对我这样，我不接受！"

不要小看这抗议的举措，大声坚定地表明立场，这是确定你信心和界限的第一步，也是站起来的第一步。

措施三：建立属于自己的朋友圈

我们鼓励 Femke 结交发展自己的新朋友，能有一些跟自己关系好的同伴。

你的朋友越来越多，除了可以增进集体对你的了解接纳外，大家还可以结伴上下学，用友情的屏障将霸凌挡在外面。

措施四：化敌为友

敌意，很多时候是因为不了解和无知。而任何的挑衅，都可能是一个机会，因为它透露了问题所在。我们可以利用挑衅，去展现自己，给予答案，找到破冰的契机，从而化解分歧。

Femke 妈希望那些欺负女儿的人，也能跟女儿做朋友，为此，要增加孩子们的互知互动。Femke 妈在家里举办派对，邀请班里的小朋友来玩，也包括那些欺负 Femke 的人。Femke 妈觉得，那些孩子用"中国人"嘲笑别人，根结在于他们不懂事，对中国及其美好无知，我们应该帮助他们了解，让他们对中国不陌生不讨厌。于是，Femke 妈特意让我准备一些有中国元素的东西，并做了糖醋排骨、扬州炒饭等中国饭菜。

这个派对，可谓是一个多文化融合的派对，除了荷兰本土菜之外，还有 Femke 爸爸从意大利带来的特色美味。Femke 妈还安排了用荷兰语、英语、意大利语和中文这些不同语言唱生日快乐歌的桥段。孩子们都玩得很开心，临走时，有个欺负 Femke 的男孩，还用新学会的中文跟我说了句再见。

我们就这样"四管其下"，效果显著。但是，处理霸凌不是一蹴而就的，中间会有反复，要做好打长期战的准备。人心和行为是最难预测的，那些欺负 Femke 的孩子，会和她言归于好一段时间，可有时过了一个假期或是不知什么原因，又会不理睬或是欺负她，好在程度越来越轻。我们不断重复以上的举措，历经近一年，总算让 Femke 彻底告别了霸凌。

孩子被霸凌，在某种程度上，就像是全家都被霸凌着的过程。我忘不了，我们远远跟着 Femke 看她上下学的煎熬。她被推倒，然后自己在嘲笑中爬起来；她的小辫被拆散，孤零零地站在原地把辫子扎好。她早上会跟妈妈讲："不用编辫子，随便扎上就行。多给我几根橡皮筋，他们弄坏我的头发，我方便扎好。"那些血液倒流、心痛如绞、度日如年的日子，我们不断地鼓励她安慰她，但谁都不确认孩子是否真的会反击，会站起来。

其实，情况是在一周后出现变化的，虽然我们都觉得很漫长。

当一个小男孩扯坏了 Femke 的头发，她没有自己扎起来，而是对着男孩子的嬉笑嘲弄说："我不喜欢你弄乱我的头发，而我要一再地把它扎好。我就这样去上课，让老师帮我扎吧。"她头发凌乱地走过发愣的男孩。有几个女同学问起 Femke 的头发，她指着男孩说"是他弄坏的！"那几个女孩回头对着男孩说："你真无聊！"到了校门口，迎接孩子的老师立马注意到了 Femke 的头发，一边给她重新梳头，一边勒令男孩子给 Femke 道歉。之后，Femke 会在有人试图接近她时就大声说："你们要干什么？离我远点！"

老师还告诉我们，她亲眼见到，有一次 Femke 带到学校的加餐饭盒被藏起来了，她镇定地走到那几个人面前说："请你们把我的饭盒拿出来；或者我们叫老师和全班同学一起来找！"于是，饭盒被还回来了。

局面改观了，Femke 逐渐懂得如何应对欺负。不过，我觉得 Femke 能走出来，最重要的就是自己的成长。她强化优点，展现爱好，自信和自我价值逐步建立，成为班里特别受欢迎的人。

Femke 的演讲和口才很好，反应快，说服力强，学校演说都是选她做代表。她也很会体谅他人、与人为善。她的歌声甜美，舞技曼妙。本来就漂亮的她，开始精通时尚，越来越会打扮自己，跟同学们分享她从意大利买回的饰品和服装。这些表现，让崇拜她的人越来越多，大家都想跟她做朋友，她就这样一步步摆脱了被霸凌的经历，并且没有留下阴影。

Femke 如今已经 16 岁了，出落成了个亭亭玉立的万人迷，追求者无数。她因为唱跳俱佳，正奋斗在成为音乐剧女演员的路上。

每个被霸凌的孩子身后，都有一群无知的成年人

在中国，大家对校园霸凌现象越来越关注，我读到了很多读者留言和案例分享，这些文字深深地震撼了我。一方面，国内的学校霸凌程度远超过我的想象；另一方面，国内对霸凌的研究和数据分析几乎为零，导致很多家长和老师对霸凌的认识和应对方式过于表面化。

《纽约时报》曾撰文以"每个被霸凌的孩子身后，都有一群无知的成年人"为题目，来强调人们对孩子霸凌创伤的低估和误解。

我也想就这两天我看到的几千条读者留言来说说我们对孩子被霸凌的解读和应对误区。

误区一：孩子被霸凌，打不回来可以教孩子使用武器反击

引用两条家长留言：

"什么叫不以暴制暴？难道眼睁睁地看孩子挨打？打不回来还有防身的武器呢。我就让孩子带上刀反击。于是，孩子在被欺负时，掏出刀去追那些欺负他的人。他们吓坏了，从此再也没有欺负过我家孩子。就算捅死砍伤那些

坏孩子也没什么，谁让他们先欺负人的，我们这是正当防卫。再说了，孩子小，无需承担刑事责任！"

"哪个家长会有时间有理智花一年时间放长线带孩子走出霸凌现象。没那么多废话，快刀斩乱麻，带上家伙，有板砖，有棍子，还可以弄来点硫酸！"

在我看到的中国家长留言中，包括在荷兰及其他海外居住的中国家长，大部分都是支持和赞同"以暴制暴"的，而且以暴制暴的方式很多都是教孩子要用凶器，包括刀、砖、硫酸这类危险系数极高的凶器。

根据欧美孩子校内被霸凌的数据来看，超过 85% 的受害者致伤、致残、致死事件，是发生在受害者使用武器反击时，武器被施霸者夺取后反过来伤害被霸凌者造成的。

这些武器包括：刀、玻璃瓶、棍棒、金属器皿、石块、笔、书包、皮带等。可见，使用武器成功反击的状况，只占很小的比例。若有个案通过武器杜绝了"霸凌"，也不能说这就是正确的方式。绝大部分情况，施害者会抢夺和利用武器，加剧对受害者的伤害。

这也是我们家在向荷兰的儿童行为专家咨询这类事件时，专家告知我们的。其实，被霸凌事件中要采取"以暴制暴"一定要分析状况，所以专家一开始就和我们分析暴力反击的程度和级别：赤手空拳地打，还是用武器？或是像我们采用的推开肇事者和大声呵斥及申明立场的方式？

据霸凌事件的实际案例和数据分析，用武器反击的弊端，是会造成**不可预知的危险性升级**！受害者手上有把刀，对施害者的威胁的确升级了，可是同时对受害者的危害也一样升级了。

在此，我把荷兰专家对我们说的话，送给众多家长：**"如果家长认为要用武器防身或反击，一定要教会孩子熟练正确地使用武器，并且要确保武器不被施霸者夺走。"**否则，受害者受到更大程度甚至无可挽回的侵害时，作为施害者的孩子也可能因为年龄而不会承担任何刑事责任。

以暴制暴，有其复杂性和危险性分级，容易误伤，并不是像有的家长认为的，打回来、动用武器杀伤或威胁他人是理所应当的，一定要慎重。霸凌事件，切忌以受害者的家长凭着愤怒和心疼，用"原始脑"的情绪驱使来做处理和应对。

若没有合理计划和对暴力及其引火烧身危险性的认识，一味地认为"兔子急了就要咬人"，而猝不及防造成几个家庭的悲剧，就太令人痛心了。

还有，家长仅是简单地对孩子说："他们打你，你就打回去！人不犯我，我不犯人，人若犯我，我必犯人！"结果却常会事与愿违。

因为孩子在实际状况中，并不能保证当下出手反击，他们会因为自己无力反抗或是没有做到父母的要求而感到羞愧和增加挫败感，甚至会从此对受到欺负的事情缄口不言，不再寻求帮助。一些被霸凌孩子的自杀悲剧就是这样酿成的。

所以，处理这类事件，不能过于单一绝对，而是要多跟孩子交流，倾听，耐心理解孩子的敏感和脆弱。

误区二：孩子霸道，总比被人欺负好

引用一条家长留言：

很感谢你对孩子霸凌的分享。我想补充一点，霸凌应该防患于未然。比如，我家女儿从小就很泼辣，喜欢咬人、抓人和打人，常抓咬她爷爷奶奶。上了幼儿园，老师常说我女儿欺负其他小朋友，要我们管管。我和我先生以及家里两边的老人都觉得，不用管孩子。看了你的文章，我们全家更坚定我们的做法了，决定不去管教她。我们家是女儿，本来就是弱者，容易被欺负。她现在欺负别人打别人，总比让别人打她好！她这样，我们也放心，至少别人不敢欺负他！

其实，从现实情况看来，并非霸道的孩子就会远离霸凌和暴力伤害。相反，有暴力倾向的孩子，会诱发他人的暴力反噬，也非常容易被同学排挤和遭受冷暴力，对孩子的身心健康和成长同样不利。

如果发现孩子有暴力表现，家长最好立即制止，教导孩子尊重他人和同伴,与大家和睦快乐、有情有爱地相处,并且教会孩子其他舒缓焦虑的方式,不要仅用暴力面对和解决问题。

请家长们将心比心!如果像这位家长一样认为自家孩子打别人没什么关系,请参照我前面引用的那些孩子受欺负家长的留言和其反击的决绝态度。

若谁家的孩子欺负他人,被残暴地反抗,后果将不堪设想!

误区三:校园霸凌,并不是普遍现象

不少中国家长和老师,认为校园霸凌只是少数,不是普遍现象;他们觉得小孩子能有多残酷呢,无需危言耸听。

还有一些人,说欧美有"霸凌"现象不奇怪,因为他们野蛮黑暗自私,而我们是文明古国、礼仪之邦,教育中崇尚集体团结,所以中国不至于如此。

我的确查不到国内对校园霸凌事件的统计数据,或是伤害评估指标。

美国的数据是每年有 1300 万孩子在遭遇校园霸凌,而这个数字被有关部门认为会有低估。因为这是被申报的数据,有些默默承受霸凌的情况没有被纳入其中。

而荷兰官方公布的校园霸凌普遍性是:"每一所中小学的每个年级都有不同程度的校园霸凌,连幼儿园也有!"

仔细看一下荷兰对校园霸凌的分级和描述,在幼儿园三岁的孩子间就有霸凌了,其表现是:某些孩子反复强制占有玩具,针对性地不让另一孩子玩;或是有意让某一孩子过度消耗体力来玩游戏。比如,一些孩子在玩球,不让某一位孩子玩,并只让这个孩子反复跑动捡球。这类现象在荷兰被定义成幼儿园霸凌,可以要求启动霸凌方案来应对。

三岁的孩子已经会这样做了,真的不要小看霸凌。而荷兰 11~12 岁的高小学生校园霸凌,程度就更为严重。荷兰 11~12 岁的男孩,发育早些的,身高 1.8 米、1.9 米以上的不在少数,他们霸凌同学,甚至霸凌老师的事件都时常发生。

荷兰每年会统计和公布每个城市中小学生最常用的辱骂语言排行榜,让家长、学校和专家来认识、分析孩子辱骂他人背后的动机和心态，以防止语言暴力。

比如，2014年阿姆斯特丹小学生骂人的话里，名列榜首的就是"基佬"和"犹太佬"。这个信息公布出来后，引起社会不小的震动，因为阿姆斯特丹是全荷兰最多犹太人居住的城市，也是对同性恋包容度最高的城市，结果小孩子们却用这两个族群作为咒骂语。当年，阿姆斯特丹专门在小学开展犹太文化教育，带孩子参观犹太区和著名犹太成功人士的作品展览，也让孩子和家长一起了解同性恋、同性家庭等。之所以邀请家长一同来参加这类文化科普活动，是因为教育专家认为，如果小孩子骂这些话，多半是听家长平时这么说的，所以一定要消除文化歧视和隔阂。

荷兰是一个对霸凌的关注和咨询协助体系很完善的国家，但是其校园霸凌的现象依然不容小觑。虽然中国目前缺乏校园霸凌的统计数据，但是我认为其现象是普遍存在的，如果有数据公布出来，一定会让人震惊。

从无数读者留言当中，看到已经身为父母，甚至为人祖父母的人，谈到儿时遭受的霸凌经历和现在目睹的校园霸凌而无处申诉，我觉得程度是很严重的。

这些现象，包括在欧美霸凌中存在的语言侵犯、外号讥笑、愚弄嘲讽、冷暴力排斥、肢体暴力，还有些我在欧美案例中相对少见的"变态性羞辱"。

一个读者写到在初中时目睹班里的某女生小群体霸凌一位女同学的状况：

"她们总是将她拉到厕所里，把带血的脏卫生巾塞到她嘴里，辱骂她，抢她耳光。我知道那很过分，但是我们谁都没敢告诉老师，我们害怕自己会被那样对待。"

误区四：女孩子只会是霸凌受害者，不会是霸凌实施者，而男孩子不会被女孩子霸凌

在此引用一条男性读者的留言：

我中学时长得胖，老出汗，班里的几个女生就给我取外号嘲弄我；她们每天拿书包丢我，用文具盒敲我脑袋，用皮鞋踢我下体，我疼得蹲下来，她们笑着说："你下面也有东西啊？我还以为只有肥肉呢。"她们有时会在我爬楼梯时，把我推下去，看着我狼狈滚下楼再爬起来。我回家告诉我父母，我爸笑我，说你一个男孩子，怎么可能会被女孩子打呢？我妈说我太没出息，被女生欺负以后肯定连老婆也找不到。我现在不胖了，也工作几年了，从来没有谈恋爱，对女生有阴影。有点怕我真会像我妈说的，找不到老婆。

无论是上面这位男性读者的诉说，还是前面那个"卫生巾"羞辱案例，都是女孩子对同性和异性的霸凌。

据国外的霸凌案例显示，校园内女孩子实施的霸凌事件，高于男孩子实施的霸凌。甚至，女孩子领导的霸凌，其持久持续性、羞辱和暴力程度、复杂性和残酷度均高于男孩子间的霸凌。

比如，女孩子对同学"心尖撒盐"的刺激和辱骂，一般都比男孩子持续时间更长，她们可以坚持骂某同学"你爸爸是杀人犯"、"你是个被爸爸抛弃的人"长达几年，而男孩子往往吵嚷个几周就停了。

前段时间，举世震惊的中国留学生间的霸凌事件在美国宣判，带头者就是女孩子。她带着同伴对另一女同学的霸凌，经常是长达数小时，包括烧头发、扒光衣服拍裸照、烟头烫身体，让人学狗趴并且殴打踢踏。在这段时间里，她可以不厌其烦地发号施令，并拍下视频取乐，还威胁受害者不能声张，否则会变本加厉。

该事件的判决传到中国时，我看到评论中，有不少人认为孩子间相互欺负大事化小不就完了吗？值得判那么多年的监禁吗？有些人虽然赞同判决，也并没有把焦点放在霸凌的反思上，而是放在富二代的道德沦丧和家教败坏上，因为仇富而幸灾乐祸地认为其活该。

大家一定要意识到，女孩子，同样可能是霸凌的实施者。而孩子间的欺负，不是小事！

想想那个被霸凌的女孩子，每次经历如此身心摧残的几个小时，会是多么漫长、生不如死的感觉啊！如果她是你的女儿，你的亲人，你心里会认为这是小事而过得去吗？

误区五：小孩子间打打闹闹是常态，长大了就好了

有一些读者，认为孩子之间的打闹不用那么大惊小怪，长大了懂事了就好了。其实，儿时受到霸凌，如果没有走出来，长大后重复受到霸凌的事件层出不穷。成人间职场上的霸凌也很多见。

说一个成年人的案例，是我先生诊所里的一个病人，就用 Pieter 来称呼他吧。

Pieter 身高 2.05 米，体格健硕，年龄 32 岁，是一位货车司机。他来到诊所时，被诊断为创伤后综合征，丧失了一些身体协调功能，饮食和睡眠机能也受到严重影响，需要康复训练。

Pieter 的创伤后综合征就是被霸凌引起的。他小时候就常被欺负，父母为此带着他转了 4 次学，但是每次转了学还是反复受到新同学的霸凌。追溯起来，应该是因为 Pieter 的大个子再加上成绩差，看起来有些呆呆的。霸凌状况在最后一次转学时有所好转，同学只是有些疏远他，没有太严重，所以家里也就不了了之了。但 Pieter 并没有真正从这些经历中找到应对办法，从而建立自信走出来，尽管他的生活有一段平静期，工作、结婚、生子。

可是，在他就职的小运输公司被另一家公司兼并后，他遭受到了新同事的合伙欺负。这些同事都是二三十岁的男性员工，他们把他的手机丢到厕所里；在他检查车况的时候关上灯吓他；把错误的排班表给他，害他在寒冷的冬夜等上数小时。

让 Pieter 彻底崩溃的事件，是发生在一次公司团队聚会后。本来是很愉快的公司派对，大家喝酒聊天，之后 Pieter 步行回家。可是，另两位同事策划了一起愚弄 Pieter 的"抢劫案"。他们拿着仿真枪到他身后，暴力"打劫"他，在他不明状况跌坐在地上时，一人装着说"你的钱太少了"，然后把枪对着他的头要射击，他吓得不知所措，那人"咯嘣"放了空枪，然后哄笑着跑走了。

Pieter 完全被吓懵了。他妻子带着两岁的儿子在半夜找到他时，他以同一个姿势毫无知觉地坐在地上，身下是被吓到失禁的大小便……

Pieter 之后丧失了一些语言能力，后来慢慢恢复了。来我先生的诊所做针对性康复时，他已经做了几期心理治疗，主要是想恢复身体运动和饮食的一些功能。他是在治疗了两年后才重返工作岗位的。

从外形上来看，Pieter 一点也不弱，至少比那些欺负他的同事都高大强壮。Pieter 也有练拳击，但是这并不能让他在受到欺侮时临场发挥出来，因为在心理上，他是软弱的。

像 Pieter 这样成年后再次被霸凌的事，就是因为大家对被霸凌者的心态并不了解，总以为长大了强壮了，就好了。其实，没有那么简单，越早找到被霸凌的原因症结，并从根上解决，才是长久之计。更多的时候，大家高估了受害者的反抗性，以为"农奴振臂一呼，转眼就能翻身做主人"。可是，弱和强之间的转换，哪能一蹴而就，站起来的过程真的很艰难，要有长期准备，也要知道中间会有反复。

误区六：孩子受到霸凌，会说出来求助

我们去参加了无数荷兰专业机构和专家举办的霸凌案例分析讨论会，也阅读了很多这方面的书籍。

有一个很重要的事实就是，大多数时候，在受到霸凌时，孩子不会说出来主动求助！

因为，幼小的孩子，对遭受的不愉快待遇，并没有意识到这是不公平的。他们对伤害的理解和界定感还不强，不会诉说或是认为应该求助。

而 10 岁以上的孩子，或是青春期的孩子，如果遭遇霸凌，已经懂事了，会由于羞耻感和痛苦，不愿提及被欺辱的经历，而选择默默承受。

我记得很清楚的一起案例，是个十二岁的荷兰男孩遭遇霸凌，他没有告诉任何人。

有一次，他随身携带了一支笔防身，这个笔的一端有触摸就产生微电的功能，会让人被电到而有瞬时不适感。当他拿出笔来戳欺负他的人时，被人抢去朝着他的太阳穴和眉骨猛击，鲜血直涌。欺负他的孩子，不知轻重，看到血也吓着了，丢下他就跑走了。

可是，就连受了伤，他也没有求救，而是爬到附近的草丛中躲了起来，不愿见人，直到几小时后被老师和家人找到。

孩子被送去医院时，因为血在眼睛中淤积过久，那只眼睛彻底瞎了。医生说，如果孩子当下就求救，治疗及时，眼睛绝不会失明。

为什么孩子不求救？就是源于每个人与生俱来的羞愧感、恐惧感。谁也不愿把自己最不堪的一面暴露给别人，谁也不知道如何将自己最无助的一面展示出来。

所以，孩子遭遇霸凌，家长跟其交流的方式和观察力很重要。如果孩子能主动说，最好，家长听到后千万要冷静，不要乱教孩子应对方式，而是先用家庭的温情建立一种理解力和安全感。

如果孩子没告诉家里被霸凌的情况，千万不要焦急地指责：你怎么不跟我们家长说呢？也不要简单地讲：你如果受到欺负了，一定记得要告诉我们！

这两种说法都很难让孩子敞开心扉。

父母首先要意识到，霸凌可能会在孩子自己都没有意识时发生，所以要观察孩子，如果孩子抗拒上学，或是装病不上学；如果孩子情绪低落，衣服和发型脏乱，要多去和孩子聊聊。

聊天时，不要直接就问："是不是同学欺负你了？"

而是以一种轻松的方式聊天：

"今天在学校里，有什么趣事啊？"

"今天过得开心吗？"

"和小伙伴们玩了什么啊？"

小孩子不太会说谎，如果被欺负了还强颜欢笑说一切都好，家长一般都看得出来。

一旦证实孩子被欺负了，不要贬低孩子的应对力，说："你傻啊？任人欺负？你怎么不反抗呢？"

也不要给孩子许空愿："不要担心，都是小伙伴，要团结，一切都会好的！"

家长务必要保持冷静，并稳住孩子的情绪，用简单的问话理清事实经过，告知孩子，这不是他/她的错，大家会一起多渠道寻求解决办法。

误区七：老师和家长不会引导和造成霸凌

老师和家长应该是校园霸凌的阻止者，孩子的支持者。但很遗憾，有时，老师和家长有意无意间，恰恰就是霸凌的直接或间接造成者。

这也是荷兰每个学校霸凌评估方案中，首先要界定老师和校方直接及间接责任和防范意识的原因。比如，某个学生在老师视线范围消失了一个课时，老师都没有主动询问原因和去寻找，而孩子在这期间无论是自愿待在某个地方或是被他人关在某个地方，都是老师的失职，这就是校园霸凌的隐患。

有些老师的行为举止本身就有暴力成分，这也会导致学生学样而去欺负他人。比如，老师对待某些学生的言语若轻蔑，讽刺，胡乱指责甚至体罚，都会导致其他同学对这位同学的不尊重和嘲笑，诱发校园霸凌。

还有，许多老师和家长对霸凌事件很漠然，对其严重性认识不足，这在中国挺多见！

有一位读者给我留言，回忆自己儿时被欺负：

我小学时就因为近视佩戴了眼镜，同学常为此嘲笑我，把我的眼镜强摘下来玩，撕扯我的头发。我的成绩一般，老师也不太在意我，我去告诉她被同学欺负的事。

老师问我："你头发被扯掉没有？"

我说没有扯掉但被扯乱了。

她说："头发扯乱了点也值得你来说？我看你真是太娇气了。和同学要搞好团结，你这么小气难怪不合群。人家都是苦读书成绩好才戴眼镜，也没见你多用功，就戴上眼镜了，电视看多了吧？"

于是，同学对我的欺负更是有恃无恐，也用老师说我不用功学习看电视的话来讥讽我，我打个哈欠，同学就要说：你昨晚又通宵看电视吧？

后来同学把我的眼镜踩坏了，我回家告诉妈妈。我妈一边抱怨要花钱再配眼镜，一边说我："一个巴掌拍不响，苍蝇不叮无缝的蛋，我就不信你好好的不惹事不惹人家，同学要来整你？女孩子家一点不文静，你老实点吧！"

之后，我再也不相信我妈了，什么事也不想跟她说，省得又被她数落一顿。

遭受霸凌的孩子，最需要的就是家人的理解和帮助，亲人间的信任和安全依托。有些时候，亲人间、师生间的相互支持，就在这不经意有一句没一句的埋怨中，消失殆尽了。而这些言行，恰恰让孩子失去了最后一道应付霸凌的安全屏障。有的孩子侥幸自己走出来了，更多的孩子没有，在家长和老师的错愕和惋惜中，有了不可挽回的创伤。

这个例子是一个成年人的回忆，说的是十几二十年前的事，我希望当今的状况不要像过去一样，老师和家长尽量少地成为霸凌的直接或间接助长者。

可能你还没有意识到，孩子正在遭受网络霸凌

　　我的一个女友 11 岁的女儿豆豆和班里的十几个女孩子建了个学习分享群，至少建群的目的是这样的。但是，豆豆现在很抗拒去群里和小伙伴讨论课业。

　　豆妈觉得不解，就拿起女儿的手机去群里看了一下，看完后有些不爽，因为群里的氛围很奇怪，孩子们多在嘲讽豆豆和另外一个女同学。除了议论她俩的成绩外，还有很多她俩日常生活中的照片被拍下来，上传到群里分享。豆豆去上厕所，豆豆在体育课跑步摔倒了，豆豆在放学路上买了冰淇淋吃……每张照片下面，都有很多议论，有的中性，有的恶意。

　　豆妈有些担心，但并没有太以为意，她跟我说："我让豆豆别放在心上，同学拍照是关注你，说明你好！还是要进群多和同学交流，搞好团结。哎哟，你不知道，现在的小孩子啊，真是啥都懂，啥都说，拍照跟踪啥都能来！"

　　我听着不对，让豆妈截几张图给我，看完吓了一跳，除了上面说到那些对豆豆的"偷拍"，针对另一个女生，完全就是狗仔队般的"监控"。那女孩子好像和一个男孩子上下学，群里好多追这对孩子的照片，还有那些对他俩

"恋情"的猜测、评论和嘲弄。

我对豆妈说："这可不是简单的学习分享群，这是个'偷窥群'。豆豆和那个女同学都很危险，这已经是很严重的网络霸凌和隐私侵害了。"

很多中国家长，就像我的朋友豆妈一样，对互联网使用中的霸凌现象知之甚少。中国学校和老师对此也没什么意识去防范和警觉。

但是，对幼儿和青少年的网络霸凌，可是欧美社会教育体系中讨论的重中之重。孩子在使用互联网的过程中，有意或无意间，会对他人及其家庭造成直接或间接的身心伤害，这也是一种霸凌。

试想一下，成年人若被如此"人肉搜索"并当作他人茶余饭后的谈资，都会难以承受，何况是两个 11 岁的女孩子，那是多么大的精神压力啊！

欧洲各个小学老师和家长都会接受网络安全的教育，其中首要明令禁止的是，孩子们在聊天群或是社交私信空间里擅自议论或恶意用语言暴力侵犯同学。

大家不要小看在社交群组里的随意评论，这很像当年班级里的那些小群体，只是现在被移到了网上。欧洲学校有不少案例，孩子建立聊天群，孤立嘲笑某一同学，拍下其照片，品头论足。这都属于网络霸凌，会给当事者带来极大的伤害和阴影。不少孩子，因为受不了网络霸凌，患了心理疾病，甚至有自杀的悲剧。

如果欧洲有这样的情况发生，学校和专家会明确告诉孩子这样做的危害，并且要求家长和老师共同对此监管。因为对他人的基本尊重就是不要在背后议论和发泄不满。教会孩子，若对谁有看法，可以当面直说，注意方式方法就好，绝对不能以恶意中伤和攻击他人为目的来建立社交群。

这类通过网络传播的"偷窥"方式，也是对个人隐私的侵害。在这个信息随意交流和生活公开分享的网络时代，隐私，被称为是一种自由和财富。网上供人免费使用的资源，是用我们的爱好、个人信息、点击率等隐私来交换的。只有掌握好对私人信息分享和保护之间的平衡和界限，才能在这个时代拥有自由,保障我们生活中的安全感。

互联网的安全,是个新问题,我们没有经验可循,但必须重视,也要警醒和不断学习,引导孩子正确适度地使用网络,尊重他人,保护隐私,维护网络秩序。

有的家长一听到这类不良网络事件,就选择直接禁止孩子使用网络。其实,这样很可能会适得其反。时代在发展,根本禁不了网络的,家长过度地防范和禁令,只会激发孩子的好奇心和叛逆感,出现更多的违规事件。

数据显示,有网瘾的孩子,反而更多来自于禁网的家庭,因为这些父母不懂制定收放适度的规则,也没建立起与孩子的沟通渠道。

疏导,胜于堵塞。

最好的办法,就是告知孩子,如何善用互联网,网络安全意味着什么,隐私界限在哪里,如何保护自己,尊重他人。只有一点点树立孩子的正确网络意识和习惯,才能让他们坦然舒适地生活在当下。

在欧洲学校里和专家们建议的互联网安全注意事项,除了上面谈到的"网络霸凌"外,还包含以下几个方面。

使用互联网、智能电子产品学习和娱乐的平衡及时间限制

孩子们现在的学习和生活中会广泛地用到网络。学习中的信息搜索,和同学建群讨论课业,很常见;同时,游戏社交聊天也无法避免。

对此,可以跟孩子商量一下用互联网学习和娱乐的时间平衡,开诚布公地谈好,可以打多久时间的游戏,看多少视频等。

当然了,孩子不是立马就能做到,所以家长得有耐心,不断观察、商议和调整,任何规矩的建立和习惯的养成都需要时间。保证一个开放的态度,绝对比禁止好。

树立孩子的隐私安全观念

我们要帮助孩子树立隐私安全观念,提醒孩子并和他一起分析某些行为可能对他人和自己造成的影响。

例如，孩子在使用社交网络分享自己的照片和视频时，要让其注意不要把私密信息泄露。一些孩子在回家路上自拍，直播，把家庭住址暴露得一览无余，这是有危险的，家长要让孩子了解这点。

跟孩子分享一些网络案例，让孩子明白用网络群组的方式偷窥议论他人或是同学，都是会中伤别人的恶意行为。

不妨将有关机构对未成年人使用网络的规范条例直接跟孩子分享。如，很多欧洲国家都明文规定，为了保护孩子隐私，就算是父母也不能不知会孩子就将其正面照放上网。学校用于公共宣传的照片，都不能有孩子正面近距离照，而是从后面或远距离拍照。

网络搭讪和骚扰

告诉孩子，如果在网络上遭遇骚扰和言辞上的恶意侵犯，要立马告诉家长和老师或是提起网络申诉，寻求解决。

比较难解决的是网络搭讪和交友，尤其是对于十岁左右的孩子，一定要细细地跟他们分析沟通。

如果陌生人在网络上打招呼，并要求做朋友，是否加好友？如果加了，交流尺度怎么把握？如果被要求见面怎么办？

家长的底线是一定不能同意见面，这个真的太可怕了。

我看过一次网络安全实例调查，男主持人用注册账号在网上搭讪几个年仅12岁的女孩子并约见面。另外，还跟拍家长，每个父母都信心满满，说知会过女儿这些事，孩子绝对不会见陌生人的。但是，大部分的女孩子都同意见面了，有的跟父母说要出门遛狗而去见面，有的居然允许在父母入睡后直接登门拜访。电视里的父母又惊又气，我们看得胆战心惊。

专家后来分析总结，主要原因是父母对此说得不细不透。大多数家长很笼统地说："不要和陌生人见面哦，很危险呢！"这种方式是不太会让孩子有印象和触动的。这种沟通要细一些，形象些，可以用实例和新闻事件举例，可以开放性地与孩子讨论她的想法，也可以跟孩子进行情景表演，让其对有可能发生的危险有切实的意识。

会不会同意让孩子玩 / 看与之年龄不符的游戏 / 影像视频

其实，在欧美各国，对游戏、视频、电影都有年龄级别限制，有很清晰地标注哪个年龄段以上才能玩某些游戏看某些视频。对于为何作此限制，也有图标说明原因，一般就是几个方面：暴力、色情、恐怖、粗俗用语等。

按照这些规定和图标，家长操作起来有据可循，问题不大，但是在年龄的临界点时，也有商讨的余地。如，一个限制级为 12 岁以上的游戏，如果你的孩子还差几个月满 12 岁，他很想玩，你是否考虑？

我觉得这也因人而异吧。

我们家对这种临界点年龄的状况，大部分情况是会给孩子开绿灯的。我个人特别反对暴力的元素，若看到年龄限制的原因是暴力，我绝对会让孩子达到或超过年龄再说。

要严格遵守社交网络的年龄限制吗？

Facebook 允许孩子从 13 岁起注册登记自己的网页，该规定的监督主要靠家长。调查显示，很多孩子在更小的年龄便已经开始使用社交网络了。所以，关于社会网络，欧美的讨论热点集中在：这个年龄限制必要吗？需要严格遵守吗？

专家对此的建议是，没有定论，因人而异，主要是根据孩子的成熟度和对社交网络的使用目的。

为此，家长可以跟孩子讨论下对社交网络想如何使用，定位是什么。有的孩子纯粹是私人分享，那么要让其了解隐私安全事项。而有的孩子用此来为自己的爱好做宣传，如，练马术的孩子分享骑术影像资料，爱摄影的孩子将作品公布，是吸引更多专业人士关注和对接资源的好办法。

互联网礼仪清单

与我们不同，我们的孩子们完全出生成长在一个互联网数据化的新时代，被包围在各类信息的分享中。他们的交流和娱乐方式，较之以前发生了巨大变化。

针对此种状况，在欧美国家，学校和社会讨论最多的就是互联网对孩子生活、学习和社交带来的影响，以及家长们对此该如何考量和应对。学校常会找来专家，跟家长、孩子和老师展开对于互联网和智能手机使用注意的交流会，让各自抒发想法和建议。这类议题新颖，且非常个体化，大家都不觉得要有个统一的解决方案，而是提出思考角度和注意的点，通过咨商讨论，找到适合各自家庭的方式。

关于网络时代的社交礼仪就讨论了好几次，因为这已是当下需要侧重培养的修养品行。

孩子们很小就拥有自己的智能手机和 iPad 了，用此查询信息、打发时间、分享生活，进行社交互动，孩子们对此可谓驾轻就熟。而在公共网络平台上发言评论，分享照片的分寸界限把握，则是一种修养的体现。

网络信息时代，为我们增加了更多更便利的交流渠道后，其内容方式、社交礼仪和对他人的尊重是否该有变化？在交流的时候，我们是否不用加称呼了，不用问候语了？对着手机语音，是否不注意音量影响到身边的人了？这等问题，答案是否定的。在智能信息时代，我们依然需要在网络互动中，保持基本和特有的礼仪，尊重他人的隐私、空间和界限。

我姑且用清单式列出欧洲关于青少年互联网社交礼仪的讨论要点和角度，并逐一分享下见解。

1.在欧洲，明令禁止的是孩子们通过建立聊天群或是社交私信空间，在里面擅自议论或用语言暴力侵犯同学。

学校和专家要明确告诉孩子这样做的危害，并且要求家长要对此监管。因为在背后议论他人和发泄不满是对他人的不尊重。告诉孩子，若对谁有看法，可以当面直说，但方式方法要得当，绝对不能以恶意中伤和攻击他人为目的来建立社交群。

2.表情符号的使用。

孩子们使用起表情符号是非常顺溜的，有时孩子发来的聊天信息里全是表情符号，不仔细反应一下，还真理解不了。

对此，家长应尝试学习提高自己，但也可以提醒孩子跟我们合作，在交流时注意对象，比如，对表情符号知之甚少的爷爷奶奶，是否体谅他们，相应减少表情符号的使用。教孩子懂得，对不同的人应该找到适当的交流互动模式，也是一种同理心的培养。

表情符号，还派生出一个问题，就是强烈的情绪是通过表情符号来表达，还是正面交涉。比如，当你和朋友吵架和争执时，发送无数个"生气"的表情符号，的确帮你表明了不满的立场，但能否真正解决纷争呢？或是交流时仅以表情符号示人，会夸大还是会降低你真实感受的表达呢？这没有特定的答案或好坏之分，但孩子们要了解其间的轻重和考量，找到适宜的方式。

3. 在餐厅、博物馆等密闭型的公共场所拍照要注意什么。

关闭闪光灯、使用消音模式、征求允许是特别需要注意的几点。

比如，博物馆拍照应该按规定关掉闪光灯，并且用消音模式，不要有啪啪的照相声。在餐厅用餐，拍摄可能会带到邻桌，应该告知并征得同意。有的欧洲家长，是完全禁止孩子在用餐时拍照的，但也有不少家长和孩子愿意分享菜品、饮料等，只要不影响他人就可以了。

4. 滑照片和看视频。

别人把自己的手机给你看其照片时，不要擅自滑前后的照片，或是一定要征得允许再滑。这是对别人隐私的尊重，不该看的照片不要看。

要给别人看视频时，最好告知一下长度。谁都不喜欢在不知情时硬看五分钟你家孩子跳舞唱歌的视频，小朋友们自己也不喜欢未征求同意就被迫看10分钟同伴踢足球的长视频。

5. 影像视频分享。

朋友的照片或是自己跟朋友的合影，要放上网分享，得征求同意，这也包括视频。

父母未经自己小孩允许，随意将孩子的影像发到社交网络或是朋友圈，让孩子很反感。很多孩子抱怨说，父母有时是偷拍他们或是自拍时带到他们，未经同意就分享出去，令孩子很不开心。

在英国、法国、德国和荷兰等国，都对未成年孩子的影像分享有严格具体的管控，目的是为了保护未成年人的隐私。就算是父母也不能不知会孩子就将其清楚的正面照放上网。针对幼儿园和学校，分享孩子照片也有明文规定。比如，现在任何机构都有自己的网页，但若是用于公共宣传的孩子照片，都不能有近照或是露正面的脸，可以从后面或远距离拍照。而孩子的露脸照，正面大头照，只能通过专有密闭的"家长对接门户"寄给孩子的父母。

6. 在公共场所，聊天、看视频、打游戏以及做直播，要控制音量，不要制造噪音，影响他人。

7. 网络交流时的称呼和问候。

网络时代的社交聊天，越来越方便和随意了，但这并不意味着要忽视礼貌。收发聊天信息，还是要有称呼和问候语为好。如果孩子在网上聊天或发信息时，给别人一个称呼，先问声好，事情说完了，给个结语道声谢，行事风度修养会明显不同，也会给人与人之间多一份温情礼貌。

8. 与父母在社交网络上互加好友。

孩子其实没有必要非得和父母成为社交网络上的朋友。有的家长很想跟孩子互动，希望了解孩子在想什么、干什么，但是我们还是得尊重孩子的意愿，不要强加。

很多家长的态度都是，不用非要与孩子互加好友，如果孩子愿意和父母分享的就分享，其余的互不干涉。

9. 在孩子跟小伙伴一起玩或与家人交流时，能否自顾自玩手机？

其实，完全沉浸在手机世界里对外界毫不关心，这几乎都是被认为不礼貌的。但也要分情况来看。有的家长，比如我们，就觉得反正时代变了，如果家里一群人在交流，没有直接对孩子说话，他要看看手机，也没什么；但我们跟他说话时，希望他能面对我们，专心聊天。其实，不是所有的聊天内容都值得专心致志对待的，轻松些没什么。况且，我觉得现在的孩子，挺有一心二用的本领，大家说话，他边看手机也能顾及我们，还时不时根据聊天内容从网上调些图片和信息给我们看。不过也有很多家庭，严禁孩子在家庭聚会时玩手机。我觉得，各有选择和家规，只要跟孩子讲清楚就可以了。

10. 能否戴着耳机回答问题及跟人交流。

几乎所有人都觉得孩子戴着耳机回答问题，非常不礼貌。应该告知和规范孩子在跟人说话时取下耳机，以示尊重对方。

11. 留言和转发互动。

欧美社会非常注重社交网络的留言评论和转发互动要有尊重感和礼貌。这边的网络警察会监控两大内容：网络暴力霸凌和网络欺诈。

在留言评论时，不要去谩骂或人身攻击。在转发信息时，不要用诅咒和恐吓的方式。

我非常反感一些威胁式的转发诉求，比如，"转给 20 个人，没转的出门都被车撞死了"，"谁不转就不是中国人"，"深度好文，不点开后悔一辈子"。最过分的是，母亲节时，给妈妈送祝福的信息，赫然写着"爱妈妈的转起来，不转妈妈必有大难"。

分享和祝福，不该有强迫，应是自由自愿的。

这些网络上的交流方式和礼仪，并没有什么是必须如是操作的，只是总结出来让大家多一些系统的思考点和角度，至于如何选择，因人而异。无论网络怎么发展，有一点不变，就是人与人之间互动应有的善意和修养。

第六章

怎么跟孩子谈论爱恨生死

跟孩子谈性说爱，要多早开始

为女儿举办的"接吻"派对

直面死亡和伤痛

别把孩子说的"不想活"，当成玩笑话一笑而过

……

跟孩子谈性说爱，要多早开始

Eileen 满 10 岁了，Eileen 妈觉得有必要跟女儿普及两性常识。于是，Eileen 妈在一个轻松惬意的午后，详细地告诉女儿父母孕育生命的过程。Eileen 听完后，非常不快，尤其对爸爸产生了抵触情绪，觉得爸爸很恶心，不想面对爸爸，拒绝跟爸爸说话。

Eileen 妈去咨询心理教育专家，自己是否跟女儿谈性说爱太早了，才导致孩子无法接受。谁知 Eileen 妈得到的反馈是，她谈得太晚了！

若对一个 10 岁的女孩性启蒙太晚了，那么，跟孩子谈性说爱，得多早就开始？

其实，谈性说爱无需像 Eileen 妈这样，在一个特定的时间点，煞有介事地告知，显得过于正式突兀，孩子会紧张，不习惯。

谈性说爱，可以从孩子一两岁就开始，一点点渗透和普及。

性爱，是广义的，不仅只是性交，还包括性别特征、身体接触、容貌吸引、情感交流、亲密享受、生儿育女等很多方面。所以，要在孩子还未有太多害羞感时，顺其自然地用生活中的点点滴滴，逐渐建立孩子对性和爱的认识。

欧美的专家建议，家长们最好在孩子 12 岁之前，完成以上所有关于性爱不同层面的交流，尤其是在目前的网络时代。因为 12 岁前，孩子还愿意从家长那里听取经验，获得信息，再晚，孩子就会在网上了解了，不容易掌握分寸，更不见得是安全可靠的。

比如，性别特征，可以在孩子很小时就展示讲解。如果一两岁的女儿跟妈妈洗澡，或是看见年长一些的哥哥在小便，就可以利用这些机会给孩子聊聊女性和男性身体构造的不同。

如果孩子见到妈妈在换卫生巾而提问，无论是儿子还是女儿，可以向他们解释下月经是什么，顺便说说女孩子在月经期间该怎样照顾身体，男孩子以后交了女朋友要在其月经周期时关心体谅。

就是这样，不用刻意准备谈性说爱，而在日常中遇到的情况下自然交流就好。可能是孩子看到妈妈晾晒的丁字裤，爸爸使用的剃须刀，这些都是谈性说爱的"日常道具"，不要忽略。

谈到性本身，不要只是把它和生命孕育相结合，可以跟孩子探讨男女对感情的需求，身体的差异，以及爱的表达。让孩子明白，性爱的阶段性和不同的身体交流方式，如心跳、好感、示爱、牵手、拥抱、接吻、做爱、避孕等。

有些父母跟女儿谈性时，喜欢强调性的危险性，说如果不注意就会怀孕。其实不用如此，要告诉女孩子性爱带来的享受，至于该防范的，用平常语调就可以了。否则，有的孩子会有压力，而有的反而会增加过度的好奇心。

记得有一次，我带 12 岁的外甥女去看电影，是她自己挑的爱情片。这部电影的年龄分级显示是 12 岁起就可以看了。电影中有情爱画面，个别的还挺大胆，比如，有 2~3 秒的口交镜头，虽然短暂但还是看得很清楚。按照荷兰电影分级规定，此类镜头 12 岁的孩子已经可以了解了。

孩子在吃晚饭时，就在餐桌上和我们聊起这个话题了："那个女的为什么要那么做，我觉得好恶心！"

孩子妈淡淡地回答："这是性爱的一种方式，你当然可以选择不做。但我得告诉你，在特定氛围下，我们女人也会非常乐意如此。你会得到愉悦感，你也愿意取悦你的爱侣。"

给孩子打开一扇和父母交流敏感话题的门，很有必要，父母就尽量以平常心对待，不要妄加禁忌。

为女儿举办的"接吻"派对

　　用英语都很难翻译一个词语：早恋。外国人会不解，恋爱和心动这样不分年龄会自然发生的情感，如何界定早晚呢？在荷兰，孩子对自我性别的认识和与同性异性的交流都很开诚布公，没必要因为年龄就掩饰压抑。任何年龄段想要谈论和探讨这些问题，大家的态度都是开放的。

　　像阿姆斯特丹、鹿特丹这样的大城市，孩子从 12 岁开始就进入社交派对场合。有很多专门供十二至十五岁孩子参加的派对，派对上的音乐和形式与我们成人的派对差不多，只是饮料全部为不含酒精的软饮料。这种派对一般在周五周六晚上 21 点到凌晨 2 点举行（成人的派对一般是 22 点至凌晨 4 点）。一般来说，家长会允许孩子和朋友结伴，每一两个月去参加一次。孩子们在这种场合可以训练交际、穿着打扮、跳舞、唱歌等本领，最重要的是学会如何吸引喜欢的人以及和他 / 她们相处的能力。

　　Romi 是我一个荷兰女友刚满 12 岁的女儿，盼着能参加这样的派对，渴望着能有个十五岁的"大"男生来注意她喜欢她。她很会跳舞，长相漂亮，我觉得她一定会是派对焦点。可她自己有一点非常不自信的地方，她悄悄对妈妈说，因为自己从来没接过吻，怕新认识的男孩子会因为这个而不喜欢她。这事儿搁国内哪个妈听得下去啊，早开骂了。其实也没啥开骂的机会，因为在中国，别说十二岁的女儿，就是二十岁的女儿跑去和妈妈说这种话的可能性也几乎为零。可 Romi 妈的反应却是搂着女儿："别担心，妈妈和你一起想办法。我们好好准备，你的衣服，发型，香水，化什么妆，还有接吻的事，一样一样的来。让你可能喜欢的人也被你吸引。"

于是，一个叫作"KISS（吻）"的家庭派对在 Romi 母女俩的策划下诞生了，派对主题就是"集思广益，交流接吻经验，讲述关于吻的故事"。派对形式是这样的：由五对成年伴侣被邀请作为表演嘉宾，每对要讲述自己三个最好的接吻经历和三个最差的接吻经历，然后由作为评委的三个十二岁的女孩和三个十二岁的男孩根据情况和他们的喜好，商量并筛选出一个好的接吻经历和一个坏的，让被选中的伴侣当众表演这段接吻经历。当然在整个过程中，大家可以提问，讨论，吃喝玩乐，打趣逗笑。

在听接吻经历故事的时候，大家就都笑开花了。孩子评委团可是认真，边听边具体细致地问问题，尤其是评委之首的 Romi："你刚才说你接吻之前嚼着什么味道的口香糖？""所以说接吻的时候对方打嗝是让你觉得不快的原因？""接吻的同时可能打嗝吗？这个我还挺想看，可以放在等会表演的预选名单里。"总之，在一片快乐轻松的气氛里，我们完成了那次派对，连我都觉得自己对"接吻"有了很多新的认识。

之后我问 Romi，她对自己有可能发生的初吻有信心吗？她笑了："其实，我没有接过吻，所以最开始我是想听你们聊聊，我学学，找找信心。可是经过了今天，我了解了很多，对'吻'这件事不再是好奇和恐惧并存的感觉了。有没有信心说不上，我心里只有一种淡淡的期待。我还是有些害羞啦，不过觉得这种感觉挺好的。"

是啊，有点害羞，有点清爽恬淡的期待，那是一个小女孩对人生中那仅有一次的初吻的期待。她的妈妈和她在一起，鼓励她不需要掩饰，教导她不用压抑这种期待。小女孩知道那个冥冥中激动人心的时刻就在前方，她将徐徐前进，拥有它。这整个过程，本身就是美好的。而会接吻是不是比会解微积分更能引导我们接近美好的爱情一些些呢？

直面死亡和伤痛

别说"不要怕，有我在呢"

荷兰人对待恐惧、伤痛和死亡的态度，说简单点，就是"直接面对，彻底承受"，几乎没有"善意的隐瞒或谎言"这样的说法。

在我们中国，如果一个老年人被诊断为癌症，那么医生一般会先告知其家属，而不会告诉当事人。而在荷兰，只要当事人是神志清醒的，医生都会直接和当事人交流，由病人自己决定是否告诉家属。

投射在日常生活里，荷兰父母也觉得他们只能向孩子忠实地呈现现实，而不是赋予自己强大的信息过滤权，去决定哪些是孩子该知道的，哪些不是。在孩子觉得害怕的时候，多数父母只简单对孩子说"不要怕，有妈妈／爸爸在呢"。心理学家认为，如果这样说，是一种没有长远价值的安慰和逃避。因为孩子在这句话的引导下，虽然得到短暂的慰藉，可是无法帮助他们解决恐惧的根源，况且父母不可能永远都在。

正确的做法，应该是父母和孩子讨论恐惧，将恐惧肢解，细化地提出"不要怕"的具体解决方案。荷兰父母在这方面做得相对较好，比如他们会和孩子交流，"你在怕什么？你觉得那个为什么可怕？怎么样我们才能不怕"等。这种方式对怕黑、怕虫子这些具体的东西很有用。孩子会认识到这些不可怕，建立识别和面对的意识，心理逐渐成长。

"孩子，我也和你一样害怕"

可如果孩子的恐惧是更深层抽象的情绪，如害怕亲人的死亡，就是另一种处理方式了——父母在孩子面前敢于承认自己的恐惧，让孩子知道某些情况下，恐惧无法避免，采取行动也无法解决，只能交给时间。

我一位朋友的六岁儿子，担心患癌症的外婆去世，怕得睡不着觉。他妈妈会拥抱着他，并不掩饰自己的痛苦和眼泪，对他说："我也和你一样害怕，不过外婆现在不是还在我们身边吗？我们得好好珍惜外婆在的每一天。你要好好睡觉，明天才有精神去看外婆，对不对？"

我要加一句，这种情况下，千万不要在孩子面前做"最优假设"，别说："外婆在医院得到最好的治疗，相信医疗、相信科学，说不定外婆会很快好起来的。"这样完全是不负责任地给孩子增加希望，如果现实不是这样，对孩子的打击更大。

当孩子问起爸爸，她只重复强调"去世了"

在荷兰，无论孩子多小，父母都不会向孩子隐瞒家庭重大变故的信息。孩子的亲人去世了，家长就明白地告知什么是"死亡"，不会骗孩子说去出差了，出远门了等；父母离婚了，谁生病了，也直接告知孩子，并解释这些是怎么回事。

我的先生是荷兰人。他公司里的一个员工叫桑德拉，她老公在她儿子Dirk 只有 4 岁的时候出车祸骤然离世。

她当天把 Dirk 从学校接回家，就对孩子直说了："**爸爸死了！今天爸爸骑摩托车的时候出了事故，他永远地离开我们了。从今天起，只有妈妈和你了，**

爸爸再也不会回家了。 明天起我们还要处理很多事情，比如爸爸的葬礼，你要去给爸爸道别。我们的生活在短时间内会有些改变，比如你这几天暂时不会去上学；有可能你会看到妈妈哭，还有很多家人会哭，我尽量做到不大哭，但是有很多东西会和以前不一样了。"

Dirk 似懂非懂，问："那我过五岁生日的时候，爸爸会不会来呢？"

桑德拉红着眼睛说："不会了，因为爸爸死了，爸爸再也不会出现在你任何的一次生日派对里了。"

Dirk 大哭，桑德拉搂着他说："宝贝，妈妈也很难接受和相信，可这件事的确发生了，我们只有一起面对。"

Dirk 参加了爸爸的葬礼，给爸爸的棺材上撒土说再见。可是因为他太小了，之后还是经常问起为什么爸爸不在，桑德拉每次都重复强调爸爸去世了。我看不下去，劝她不要太勉强。可我先生非常赞同桑德拉的做法，说必须要反复重申概念，让 Dirk 真正明白什么是亲人的亡故，这样对他有好处。**因为他的生活已经决定了他必须比其他孩子要更早地了解死亡，他应该尽快学会接受。**

大概在父亲离世 4 个月后，Dirk 总算接受了父亲离开的事实，并学会了如何与这个事实相处。桑德拉每周会在亡夫遗像前的花瓶里插上一束白玫瑰，而 Dirk 每天都会给花瓶里的白玫瑰换水。他会拍着心口说："爸爸去世了，就算爸爸再也不能来看我，我还是会永远想他。奶奶说了，我们都要习惯在没有爸爸的时候也要快乐地生活。"

Dirk 现在已经 9 岁了，爱好跆拳道和弹钢琴，喜欢吃炸鸡腿和小羊排，和妈妈还有继父及妹妹一起和乐融融地生活。他依然会每天给爸爸遗像前花瓶里的白玫瑰换水，生日的时候，在遗像前多点一支白蜡烛。

"绝不能说他可怜"

在这种"直面伤痛"的文化里，"受伤"便不再是孩子们撒娇的理由。若孩子的伤痛和挫折是因为不可抗拒的外因造成的，大家都会关爱、支持孩子，和他一起面对，想办法改善现状，孩子会很快走出伤痛，家族凝聚力也空前强大。若孩子的伤痛，是自己不守规矩造成的，家长几乎完全不同情，也不表现出心疼，而是非常"狠心"地让孩子反省，接受教训，及彻底承受后果。

前阵子为了迎接巴西世界杯，在开赛那天，我先生家族一大家子人聚在一起把房子装饰成橙色。我丈夫8岁的外甥Alex的任务是剪橙色的彩带，结果他不专心，抬头看电视，一下子就把左手大拇指顶端的肉剪掉了，鲜血直流。

我们第一时间处理了伤口，并带他去医院包扎。他很坚强，没有哭。医生说，这几天会疼痛，在之后的两周他的大拇指会逐渐愈合，可指尖的麻木感会持续大概6~8周。

回家后，他坐着休息，大家也没有特别关注他，继续装饰房子。我帮他倒了杯水，喂他喝，他妈妈马上过来说："他要喝水你让他自己倒，不要喂他喝，让他自己想办法。"说完又回头对着他说："你只是大拇指受了伤，你的手还可以活动，医生说了你这个伤痛要持续6~8周，在以后的这段时间你要学会忍着不方便也要自理自己的生活。"

我说了句："算了，Alex好可怜！"以他爸爸为代表的全家人都炸开锅了："他有什么可怜的？从他七岁开始使用剪刀，我们就反复告诫他用剪刀时要专心，如果不专心会有什么危险。他今天不按学到的做事，自己边剪边看电视，伤了他自己，只能说他不够聪明不守规矩，绝不能说他可怜。"

于是，在之后吃晚饭，漱口，洗澡（他带了个橡皮手套自己洗），睡觉，都是他自己应付的，临睡前，他和我们亲吻道晚安，然后对他父母说："爸爸、妈妈，我记住了，以后再也不会犯这种低级错误了。"

他睡了之后，他父母才在我们面前表现出了对儿子的关切，除了拿着医生开的药膏反复研究外，还不断问我中医有没有什么草药对皮肤恢复有帮助的。

父母都是疼爱孩子的，中国父母更多的是希望疼在自己身上，爱都给孩子；荷兰父母则是该受的疼让孩子自己受，教孩子爱自己，再给孩子满满的爱。

我们中国的父母喜欢在自己力所能及的范围内，帮孩子过滤痛苦、筛选信息，希望尽可能地让孩子一路坦途，避免磨难，结果孩子缺少学习挫折之后如何修正自己的机会，成年后可能会更艰难。

其实，磨难不用刻意营造，更无须回避，它来的时候，大家一起真实面对，分享和学习承受它的过程就行了。如何给孩子一个有韧性和厚度的人生，取决于父母的选择和态度。

其实，伤痛与苦难，和快乐与幸福一样，是生命的一部分，没有必要过分强调和追求生活中的无忧。灾难和重创不是等你或你的孩子具备足够的心理承受力了才会降临，它会在生活的任何一个时刻，无论你是 4 岁还是 40 岁，猝不及防地骤然来袭。

直面和接受伤痛需要很多勇气，甚至连拿出这份勇气都需要一个磕磕绊绊的过程。因此，我们何不将这份勇气提前教给我们的孩子，让他 / 她知道，不要羡慕别人的幸运，不用懊恼自己的遭遇，遇到什么，就稳稳地接住，全力承受。选择坚强，但不用逞强，要有直面的态度和寻求帮助的准备。

这难道不是一份最好的礼物吗？

别把孩子说的"不想活"，当成玩笑话一笑而过

国内曾有一则关于两个 8 岁小女孩自杀的报道。这俩孩子是一对好友，因为考试成绩不好，不敢告诉家里，就留下遗书"我们去天堂了"，然后手牵手地自杀身亡。

记得该事件一出，大家都将焦点放在小学课业压力过大，孩子难以承受上。鲜有人关注年幼孩子的"自杀"问题。

"我们去天堂了！"是不是家长从未真正告诉过孩子死亡到底意味着什么，而是笼统善意地说："人死就上天堂，那里很好，无忧无虑！"从而导致孩子对死亡认识不足，对死产生某种美好的误解。在他们身心压力很大的时候，认为以死解脱是件快乐的事。

在中国文化里，很多话题都是禁忌。我们不会像欧美国家一样，统计幼龄儿童和青少年自杀的数据和原因，然后去处理和防范。我们选择回避，认为只要不触及，就不会发生，无须应对。只有悲剧猝不及防发生的那个家庭，要自认倒霉、承受苦果。

"自杀"，是个比"死亡"更难面对和谈论的话题，尤其是对孩子。但是，如果不谈，那就有可能发生上面的悲剧，让孩子误以为"自杀"是个美丽的结局。

想象一下，如果有一天你的孩子突然说："我不想活了！"你该作何反应？

这话肯定犹如一颗惊雷，震得父母手足无措，心绪难平。

常见的中国式家长反应，有下面几种。

堵话型：

"闭嘴！什么死啊死的，没轻没重，你知不知道你在说什么？这种话别再乱说了！"

逃避型：

"这种玩笑，不能随便开。死是什么，你都不懂！晚上出去吃饭吧，我们开心点！"

自责型：

"妈妈爸爸是给你什么压力了？我们对你不好吗？"

同归于尽型：

"你要死，妈妈也不活了！你是我的命，我的寄托，没有你，我活不下去！"

愧疚转嫁型：

"你的命是你自己一个人的吗？你不活，有没有想过我们做父母的感受？怎么说出这么不孝顺、没有责任心的话呢？"

说教型：

"生命很宝贵，放弃它，太不道德了。人生不如意十有八九，你已经比爸爸妈妈小时候不知道幸福多少倍了，应该知足！你要坚强，学会调整心态。你们现在的孩子就是没经过事儿，太脆弱了。哪至于就说到死呢？"

虽然这些反应各有所指，但有一点是相同的，那就是，家长在对此抒发己见和情绪后，都忘了问问孩子的真实感受，仔细听听孩子为何会这么想，以及分析它有可能造成的现实后果。

我目睹过很多荷兰亲友与自己的孩子，以和中国家长不同的方式，谈及

"自杀"。**能够理智地和孩子谈论"自杀"，虽然困难，但非常必要。**

六岁以上的孩子，对生死是有基本概念的，也有足够的逻辑听懂大人在说什么。

在对待禁忌话题时，为人父母者，如何才能将最深的恐惧和最痛的不舍，变成平静地对谈呢？

首先要做的，就是别用自我宣泄的情绪，把孩子想说的话压下去。

一旦孩子谈到"死"，不论他说的是玩笑话，还是真话，家长都应先稳住心情，耐住性子，认真听孩子把话说完，让他把思绪在你们面前舒展开来。

我前面列举的那些方式，把孩子的话堵回去了或是顾左右而言他，可能会埋下极危险的隐患，若孩子真有那样的想法，就丧失了一个挽救他的机会。

家长不妨通过开放式的问句来了解探听孩子说到"自杀"，是玩笑还是当真。

"你说你不想活了，能告诉妈妈，不想活是什么意思？你打算怎么办呢？"父母可以试着这样询问。

"生活真无聊！整天上学都是些没劲的东西，刚才还和同学吵了一架，回家你们连 ipad 也不让我玩，周末才能上网和看电视也太严格了。我就干脆睡下去不睁眼算了，活着一点意思也没有。"

若孩子这么说，你可以松一口气。显而易见，这肯定不是真要自杀。

接下来，千万不要对孩子评判，更不要给自己伸冤！

不评判，就是别给孩子的话定性或表现不屑，说诸如"这和自杀有什么关系？差得远呢，乱说话，吓死人一类的话。"

不伸冤，就是别只顾给自己的教育方式解围，说诸如"不让你玩那些，是为你好，让你专心学习。我不怕你现在恨我，你迟早会知道我的苦心而感谢我的。"一类的话

父母要做的是先对孩子表示理解，再趁机告诉他"自杀"的真实情况是怎样的。

"听起来你的生活的确很沉闷，你喜欢做的事，都被限制了。"

"是啊，上课就是背书听讲，没意思；回家你们就让我写作业，没乐趣。我烦透了。"孩子若感觉得到了理解，会敞开心扉。

我听出来了，其实，你是想让学习和生活都更有意思些，不要有太多的管束。但减压和'自杀'可是两回事儿。想有更多的娱乐时间，可以和妈妈谈。'自杀'就严重哦，它不是像睡觉一样你再也醒不来了，而是你再也没有任何机会做自己喜欢的事、见自己喜欢的人了，懂吗？我想你根本不是那个意思，对吧？

如果孩子点头认同你，你便不用在"自杀"这个话题上过度教训他，点到为止。

随后你就可以和孩子讨论他目前学习娱乐的平衡了，因为这才是他想解决的。

"你说说，你想玩 ipad、上网、看电视，到底要多频繁？"

"我想天天上网和玩 ipad。"

"天天，肯定不行。这样吧，除了周末，要不周四也让你上 1 小时网。ipad 可以玩，但是不能无限制，每天最多半小时，周四你上网那天就不玩 ipad 了。"家长可以根据实际情况，放宽一些限制，但别忘了提到学业，"给你这些娱乐，你的作业怎么办呢？"

"我做完作业再玩。"孩子听到要求被满足，一般也知道做好分内的事情。

"那说好了，回家第一件事要把作业写完，才能玩 ipad。我们先如此试一个星期，如果你能平衡好学习和玩乐，我们以后都这么执行，好吗？"

在孩子成长的过程中，家长能够教导他，并和他以成熟的方式沟通谈判，告知他该如何缓解压力，取舍得当，对孩子的成长是非常重要的。

如此，也能让孩子明白，遇到问题可以切割后一步步解决，不要在情绪中以为只有"死路一条"。

孩子真有自杀想法，该怎么办？

这种情况，只要孩子能说了出来，就是父母扭转乾坤的契机，千万不要

着急。

这个话题不轻松，但家长可以用放松的态度，小心慎重地对待。

此时家长千万不要表现紧张，一是避免吓着孩子；二是通过自己的冷静给孩子一种安全感和力量，稳住他的情绪。

我用一个朋友和她女儿 Emma 的互动来举例。

Emma 因为搬家，在另一个城市上学，非常不适应。在新的学校她没交到朋友，还因为和一些女同学谈不来而受到了孤立。

每天上学她都觉得很煎熬，放学后，就和以前的朋友在社交网络上聊天，聊到很晚，生物钟打乱了，一个多月下来，身心不堪重负，想到了死。

Emma 眼泪汪汪地蜷在床上跟妈妈说起了"自杀"，甚至谈到了一些实施的步骤，但也提到了对死的犹疑和恐惧。

她妈妈当时听到后，整个心都往下沉，手脚发凉。

她想搂住女儿，说家人爱她，需要她，可她意识到那没用。

因为，Emma 是知道家人爱她的，但这种爱，在此刻解决不了 Emma 的沮丧。

她坐在 Emma 身边，表达了对女儿的理解，并分享了自己的一段经历。

"Emma，我感受到了你在学校受的冷落。这让我想起自己十二岁时，也想到过死。当时，我特别喜欢看一些哲学书，思考人生的价值，觉得身边的同学一天到晚谈论化妆和穿着蠢透了。晚饭时，和你外公外婆聊我的想法，他们一副兴趣索然的样子，我对他俩很失望，越来越觉得人生没有意义。不知道是因为那些书，还是青春初期不稳定的荷尔蒙，我真的做好打算，在你外公外婆和舅舅不在家的一个周六，把房子烧了自杀。"

"妈妈，烧房子不也会伤到邻居吗？"Emma 完全进入了母亲当时的角色。

"宝贝儿，你可比我有同情心，我那时可没管那么多。"

"后来你怎么打消念头了？"

"说来好笑，我有天晚上和舅舅一起看电视，出现一个好帅的男演员。我就想，周六要是我自杀了，再下周就看不成这个男演员演的电视剧了。之后，我为了追他的剧，把'自杀计划'一延再延。突然有一天，我发现，我连那个计划都几乎忘记了，也完全不想死了。"

"就这么简单？"Emma 有点啼笑皆非。

"嗯，就这么简单！"

Emma 爆发出一阵大笑，凝重悲伤的气氛烟消云散了。

妈妈继续说："是啊，现在回头想想，生和死看似那么遥远，但有时也就是一念之间。一个跟我毫无关系的帅哥，居然让我忘记了当时自以为是的人生定义，就这么活了下来。你说，生活是简单，还是复杂呢？不过，我还真庆幸能有之后的日子，遇到了爱情，生下了你和妹妹。要是死了，可就无法经历这些美好了。"

Emma 若有所思地点点头："我也觉得我现在的同学没那么糟。其实，我可以试着和她们多聊聊。"

"我们都会遇到逆境，好像所有的人事都和我们作对，看似无路可退。但如果我们用死来解决，就意味着终结了一切机会和可能性。做错了事，还能重来，也有后悔的权利。但死了，就什么都没有了。"

"也看不成帅哥啦！"Emma 开心起来，也能打趣了。

这个风波算是过去了。

我的朋友表示了对女儿的感同身受，没有抱怨孩子心理素质差，也没有强调假设失去女儿家人的痛苦，就这么分享自己的经历，让孩子意识到生死的奥妙，以及逆境有其他的方式过渡。

加缪在《西西弗的神话》里写道："真正严肃的哲学问题只有一个：自杀。判断生活是否值得经历，这本身就是在回答哲学的根本问题。"

不如就这样，以探讨生命终极追问的方式，和孩子聊"自杀"。

我们不能仅仅因为怕孩子死，就躲避这个话题，而是要因势利导，教孩子怎么活！

每一个生命都可以唱歌

从孩子出生的第一声啼哭，到一点一滴经历属于自己的喜怒哀乐，人生，是一段繁美的旅程。无论是对爱或是对痛的体验，都是为了能更好更丰富地感受生活中的美好。孩子，能具备一种美感意识，将更会平衡自我，享受人生。

美感，说简单点，就是人们对于美的感受或体会。它涵纳了欣赏和评价美好人事物的能力、文化修为、礼仪教养、举止仪态和言谈底蕴。

美感，有先天和后天的成分，是可以培养的。虽然它会由于文化体系和个性特点的不同而各有表现，但它有个基本共同的特征，就是自发的可感性和形象性。也就是说，美感，是一种有共性的直接感受力，哪怕来自不同国家和背景的人，对美的东西、美的人，多会有相通而明确的自然主观感受。

每个人，无论对于自己还是下一代，都希望能具备体会和呈现美的能力。可是，我不得不说，在这个追求生命之美好的过程中，有些人走入了误区。

美感，不在远方，就在身边

不少家长以为，要带孩子经历欧洲之游，遍观建筑宫殿，见闻名画音乐，人生才有格调；要让孩子身着名牌和学会西餐礼仪，才是贵族名流风范；要通过钢琴考级，精于绘画才艺，才显文化和品位。

我并不是批驳这些经历不能带来美感，而是说它们不能必然和美画上等号，也不能必然产出美。过于刻意为之，反而失去了美感自然舒心和纵深发展的可能。

其实，美，并不是完全束之高阁的，它常常就在我们身边，关键是看有没有发现美的眼睛，感受美的心灵。

就说一个喜欢摄影的孩子，家长若是想要帮助他拍摄创造美图，哪种方式更适合呢？是直接花重金买一台好相机给他，还是先培养他对周围人物和风景形象构图的感知体会？应该是后者！ 因为就算拿一般的手机拍照，只要有发现美的眼睛，也一样能有好作品。

所有和我一样在海外成家立业、生儿育女的人，都有故国情结，希望自己的孩子不要和中华文明断层，能喜爱东方文化和景致。

有一年暑假，我的女友为了让她中荷混血的 12 岁女儿 Anita 能多亲近中国文化，给孩子报了去北京旅游的夏令营。

我俩笃定认为，Anita 和同行的荷兰孩子们会对北京的故宫和长城等景观叹为观止，魂牵梦萦。谁知孩子们返家后，情况却并非如此。

Anita 淡淡地说："故宫里皇帝睡的床是硬的，看起来一点也不舒服，还有点破破的！"

Anita 妈急了："故宫建筑群是很宏美的，你在里面难道没感觉？导游带你们去景山望故宫全景没有啊？"

Anita："故宫是挺大的，但我们那天排队等着进去就差不多一个小时，人可多了，酷暑炎天的，大家都热得没啥兴致，后来是去了景山公园，可太闷热了，没人愿意爬山看故宫全景！"

Anita 妈听完，惋惜不已，觉得这些孩子怎么连玩都受不得累，白白浪费了个欣赏故宫的机会。

让 Anita 念念不忘的是长城之行时，巧遇来旅游的泰国孩子们。身在异乡为异客，两队年龄相仿的孩子自然而然地相依结伴爬长城。

据 Anita 说，这群泰国孩子们轻言细语的温和态度，给人炎夏沐凉风的清新和舒缓。在景色秀丽处照相时，人太多太杂，荷兰孩子被其他游客插位挤操，弄得有些委屈和不耐时，泰国孩子们微笑着平和地安慰，给他们解围。

一路走一路聊下来，荷兰孩子们知道了泰国菜、佛教和泰皇宫等泰国的人文，迫不及待地想去泰国旅游。

告别时，孩子们互留了联系方式，泰国孩子们掏出随身带的一些泰国纪念品相赠，荷兰孩子没带啥礼物，讪讪地不好意思。泰国孩子们握了握他们的手，说："我们的文化里，不用非要礼物相还。你接受了我的心意，就把美好传递出去，做一些好事，让这个世界更好就行了！"

孩子们各自上了自己的旅游大巴，天色向晚，依依惜别。不知是谁发起的，泰国孩子们在其车里打开手机的电筒光，向荷兰孩子们的车摇曳着。Anita 他们也纷纷打开自己手机的灯光，相互辉映，并且唱起了荷兰的童谣。随即，那辆车中也传来泰语的歌声。

夜色中，点点的手机光，隐约的浅吟低唱，两车前后相伴一阵，分道扬镳，但来自两个国度的孩子们却结下了友谊，互存着美好！

听完了这一切，我和 Anita 妈都不再因为孩子没看到故宫全貌而遗憾万分。

虽然 Anita 仅对北京有些泛泛的好感，但是她不断地重复着泰国孩子给予她的理念：**做一些好事，播下美的种子，传递美好，让这个世界更好**！

这难道不是"美"的礼物吗？

美，不是那么刻意或绝对的东西，它有很平常的一面，恰会在最无心营造的时候发生。

因为习惯的不同，天气的酷热，让孩子们对北京的审美欣赏有了些隔阂，他们无法懂得中国帝皇的床榻，他们没有遥望紫禁城的美轮美奂。可是，谁又能说，只有被长城和故宫震撼到了，才能获得美感呢？

有些东西只是美的形式，而非本质。欣赏秧歌的，不见得非要喜爱芭蕾舞；沉迷西洋歌剧的，也无须热爱中国戏曲。

美感，真正的本质，无非是遇到了美好的人，经历了美好的事，有了美好的愿望和记忆，最终能够在身边点滴平常处，发现美，营造美，传递美！

穷，是美感的坟墓；富，是美感的摇篮？

很多人把缺乏美感的原因归咎到穷困上，认为有了钱，才能有美。这种认知总结一下就是，穷，是美感的坟墓；富，是美感的摇篮。

物质资源丰富，的确能为精神和美感提供更多的支持和更广的平台，但也不能否认，许多伟大而被广为传颂的美和艺术是在艺术家最穷困潦倒的时候创造出来的。

故而，美感，不是富人的专利。

欧洲古时候的诗唱者有两大类，一类是英雄史诗传唱者，属于皇室贵族供养、专司其职的音乐家文学家；另一类吟游诗人，是流浪乡野，风餐露宿传唱普通人生活的乐者和诗人。这两种文化形式都创造出不少传世之作，而吟游诗人更胜一筹，他们的作品贵在贴近生活，有血有肉。

2016 年格莱美奖"最佳世界音乐专辑"的提名之一是名为"宗巴监狱项目"的专辑《我在这里一无所有》。

这张专辑的 60 位词曲创作者和演唱者，全是非洲国家马拉维共和国宗巴监狱里的因犯。

世界银行的人均 GDP 数据显示，马拉维在 2015 年是全球最贫穷的国家。

宗巴监狱是马拉维最大、安全级别最高和最拥挤的监狱。这座陈旧的监狱本来的设计容量为 340 人，但目前关押着超过 2000 个犯人。

那里的大多数囚犯都被判终身监禁，男囚的罪名从盗窃到谋杀都有，在这个贫穷的地方，似乎对于任何犯罪的惩罚都是终身监禁。女囚常因被控"施巫术"而定为"女巫罪"被关押，仅仅因为她们在"错误的时间"去了"错误的地方"。

可是，就在这样一个正义法律不见天日之处，囚徒们建立了一支乐队，用音乐寄托对自由和美好生活的向往。

2013 年，美国音乐制作人布伦南（Ian Brennan）和摄影师妻子德莉（Marilena Delli）来到宗巴，发现了这支监狱乐队。

男囚唱着和声，弹着破旧的吉他，女囚敲打用桶做的鼓，用齐切瓦语和自编的旋律，唱着那些快乐的、心碎的生活。

这些音乐引起了布伦南夫妻的关注，他们与监狱负责人谈好，以给狱警免费提供暴力预防训练为交换，给囚犯乐队录音。

录音地点，按照囚犯们的习惯，即兴地选在监狱的不同地方，空旷的操场上，拥挤的囚室里，或是监狱的农场内。

整张专辑收录了 20 首歌，取名为《我在这里一无所有》。2015 年，布伦南发行了这张专辑，其中的每首歌，都像一首诗，简单质朴，打动人心。

我听过几首专辑里的歌，虽然不懂歌词，乐曲也略显单调，但还是不由得被打动。

光是看歌名，就令人动容。

《请不要杀害我的孩子》、《我所见的世界，正死于艾滋》、《请把孩子还给我》（很多女囚怀抱着孩子被捕，孩子也一起坐牢，她们在监狱里养育孩子，但孩子常被夺走）、《让他们看我起舞》、《我不会再杀人了》、《宽恕》、《监狱里的罪人》……光看歌名就知道，这些歌正是囚犯们个人经历和情感的直白写照。

布伦南在得知专辑获得格莱美奖提名后说："我希望通过专辑，去表达对这些生命的尊重。**这颗星球上有无数微不足道的生命，但每一个生命都可以歌唱。**"

是的，每一个生命，都可以歌唱。

我懂得这种说辞和态度。

一次，我去印度孟买出差，造访过那里的贫民窟。收卖废品和在河里洗衣服是在此聚集之人的收入来源。当地人忙着用火和烟把衣物熏干，一到那里，空气里弥漫的烟味，让人无法呼吸，难以睁眼。

我正欲离开这个"人间地狱"时，看到了一家席地而坐的乞丐，准备挪窝。

那个做妈妈的印度女人唤着在玩耍的一对三五岁的儿子过来，和丈夫把东西收好，将杂物丢到附近的垃圾桶，然后用手掌一遍遍擦拭他们坐过的地面，将地抚摸得干干净净。那女人拿过儿子手里玩弄的几片树叶，摆成一个好看的形状，放在地上，和家人起身离开。

我好奇地追问女人，她做的是个什么宗教仪式。

印度的乞丐，大都可以用英语交流。

女人用印度腔很重的英语回答："不是仪式，我只想拾掇好些，留给别人一块洁净的地面而已。我们乞讨为生，能做的不多，最起码别给这里再添脏乱吧。"

那家乞丐唱着歌谣远去，脸上带着笑意和某种祥和，惊呆了当时的我。

因为，就在那最微不足道的境遇里，我看到一个乞丐，用一点洁净，带给这个世界的那丝美丽。

我特别想把这种在点滴微小处对美感的索求和感受，传递给我的孩子以及所有的人。

很多时候，生活并不顺心如意，我们想要的，不见得能得到；我们拥有的，很可能被剥夺。但是，有一样东西，不是财富能赋予，也不是困苦能带走的，就是我们身心中对美的不泯的向往和追求。这种态度，能指引我们在最黑暗的时候，见到生命中的微光，重拾前行的力量，坚持走到那处柳暗花明。

不少人说，别心急，要有耐心，下一代会好的。

似乎很多人把希望寄托于"下一代"，其实我们"这一代"已经不愁温饱了，为何有些人就是与美感绝缘呢？

我并不认同，美感，是假以时日，会自然形成的，它必须即时即刻从身边做起。

我是生长在八十年代的，童年时，中国的物资并不丰富。

我那时没机会出国，游历欧洲的博物馆，参观美丽的街道花园。但我总记得我母亲和祖母用她们的巧手爱心为儿时的我营造了很多美好。

过生日没处买蛋糕，妈妈就在家发面给我做，没有牛奶，妈妈用熬得稠稠的米汤和鸡蛋加糖打在一起，蒸出来的蛋糕膨松感欠佳，但好吃极了。

奶奶总变着花样给我蒸馒头，用剪子剪几下，馒头就变成了小刺猬的样子，再加两颗芝麻做眼睛，就是我的"刺猬馒头"。

妈妈曾为我用废纸做识字卡，虽然不像现在孩子们买的那么五颜六色，但是妈妈一手好字亲手撰写，晚饭后在院子里跟我对坐着，手举着带我一起念，既是游戏又是学习，院子里全是我们母女俩的笑声。

那个年代，肥皂洗的东西总有些皂碱的腥味，奶奶会在盆子里洒上几滴花露水，把手帕衣物浸一浸，扬起脸唤我："蔻儿，来闻闻香不香？"我跑过去深吸口气，一边开心地说着"好香啊"，一边和奶奶一起晾衣服。

点点滴滴，都构成了我的美感启蒙，让我知道，只要有心，身旁和当下，就能营造出美好。

美感，是一种尊重和体谅

更多的时候，美感，体现在礼仪中，是一种尊重体谅和举止教养。

而这些也不是高不可攀的。

我小时候去乡下，见有个男人走在田间小路上，来往的村民农妇，领着孩子，只要经过这个男人，都会放慢脚步，停下来，慎重地点个头，让孩子鞠个躬。原来，那男人是这地方的教书先生。大家不富裕，就用一种日常的行礼和客气，表达对老师和知识的敬意。

龙应台撰文写过，自己累了把报纸铺在地上坐下，一个农夫走来，拿出干净的汗巾对她说："您坐我的汗巾吧。这纸上有字，坐上去不好。"不识字的人，有时反而对学问多出些崇敬。

贫穷的人，世面见得不多，并不等于不知礼数。

若每个人会因为有钱而自动变得有礼，这世上就不会有没素质的土豪了。

虽说文化底蕴的确需要时间积累，但千里之行，始于足下。

去不了宏美的博物馆，还有美丽的大自然；到不了巴黎歌剧院，还有街角的图书馆。

教养和善意撑起的美感，日常中都能做起来。

我在荷兰读研究生的时候，院长会请优秀学生一起午餐，算是种荣誉。进餐是与院长这种学术界泰斗交流思想的最好时机。

对于现在的我来说，回想那次午餐，令我受益匪浅的倒不是和院长侃侃而谈的科研机会动向，反而是他入座即将用餐前，对着我们在座的五位来自不同国家的人，体贴地说："无论各位信奉何种宗教，都让我们给彼此留一分钟的祈祷时间吧。不信教的，就静默陪伴，如何？"

几位同学会心一笑，果然开始祷告。

用餐时谈到的话题，已经模糊了，但我至今难忘各种文化宗教在那个餐桌上的和谐。这源于院长给予每人一分钟的祷告时间和尊重。

后来，我把这个礼仪沿用到自己的待人接物上，面对国际客户，大众聚餐，我都会在饭前留出一分钟，给有宗教信仰的人祈祷。

其实，我无非想让大家明白，苦大，不该成仇深的理由；贫困，不应是粗鄙的借口。

许多事，不需要有特别的能力才能做，全在于你是否具备一种心态和意识。

若孩子从小就了解并相信那种就算低到尘埃里，也能开出花的力量，我想他的生活就会有希望和幸福感，这不是为人父母的你我最愿意孩子能拥有的吗？